Erinnerungen an Zentralasien

Hg. von Ingeborg Baldauf

Reichert Verlag Wiesbaden 2004

Die Taliban im Land der Mittagssonne

Geschichten aus der afghanischen Provinz

Erinnerungen und Notizen von Abdurrahman Pahwal
Aus dem Dari übersetzt und hg. von Lutz Rzehak

Reichert Verlag Wiesbaden 2004

Bibliografische Information Der Deutschen Bibliothek
Die Deutsche Bibliothek verzeichnet diese Publikation in der Deutschen Nationalbibliografie;
detaillierte bibliografische Daten sind im Internet
über http://dnb.ddb.de abrufbar.

© 2004 Dr. Ludwig Reichert Verlag Wiesbaden
ISBN: 3-89500-416-2
www.reichert-verlag.de
Druck: Memminger MedienCentrum AG
Printed in Germany

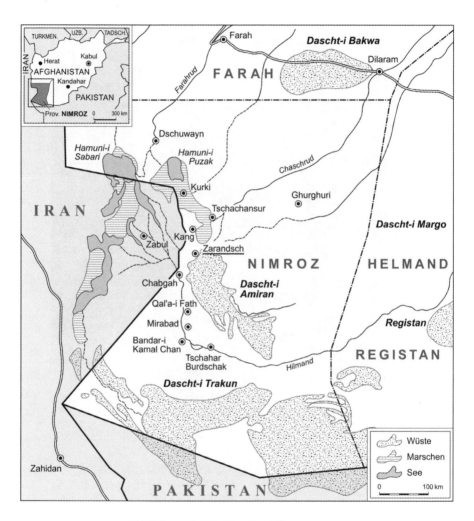

Abbildung 1: Die Provinz Nimroz

Abbildung 2: Abdurrahman Pahwal (September 2002)

Inhaltsverzeichnis

Abbildungsverzeichnis

Abbildungsnachweis

Abb. 1: Hermann Kreutzmann (Entwurf), Rudolph Rössler (Kartographie)
Abb. 2, 3 und 4: Lutz Rzehak

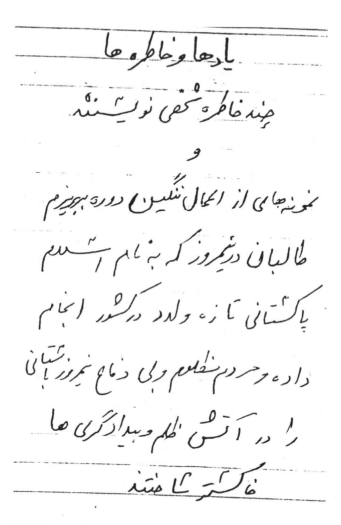

یادها و خاطره ها

چند خاطرهٔ مفتی نویسنده

و

نمونه‌هایی از اعمال ننگین دورهٔ بربریزم طالبان در نیمروز که به نام اسلام پاکستانی تازه ولادت در کشور انجام داده و مردم مظلوم و بی دفاع نیمروز نیستانی را در آتش ظلم و بیدادگری ها

فکر کاشته

Abbildung 3: Titelseite der Aufzeichnungen von A. Pahwal

Einleitung des Übersetzers und Herausgebers

Die Handschrift

Eine umfassende historische Darstellung der Taliban-Herrschaft aus inner-afghanischer Perspektive ist bis heute nicht bekannt geworden. Der Text, der hier in einer deutschen Übersetzung erstmals veröffenticht wird, bietet eine solche Perspektive. Es ist vielleicht nicht die einzige Handschrift dieser Art, die man in Afghanistan finden kann, doch auch ihre Entdeckung beruhte auf einem Zufall.

Als ich im Spätsommer 2002, ein Jahr nach dem Ende der Taliban-Herrschaft, eine Forschungsreise in den Südwesten Afghanistans unter-nahm[1], zeigte mir ein alter Mann, den ich bereits von einer frühreren Reise kannte, in Zarandsch eher beiläufig ein handgeschriebenes Büchlein. Die Aufzeichnungen hatten einen Umfang von 191 Seiten im Format A5, wa-ren in Persisch abgefasst und trugen den langen Titel:

Erinnerungen und Notizen:

Einige persönliche Erinnerungen des Autors und Beispiele der schändlichen Zustände aus der Zeit des Taliban-Barbarismus in Nim-roz, die sich im Namen des neugeborenen pakistanischen Islam im Land zugetragen und die unterdrückten sowie wehrlosen Menschen des alten Nimroz im Feuer von Unterdrückung und Ungerechtigkeit verbrannt haben.

Der alte Mann war Belutsche und hieß Abdurrahman Pahwal. Die meisten Leute nannten ihn aber ehrenvoll Wadscha Abdurrahman – „Meister Ab-

---

[1]Bei dieser Reise, die von der Deutschen Forschungsgemeinschaft finanziert wurde, hat mich mein Freund Bidollah Aswar begleitet und mir die unbeschreibliche Gastfreund-schaft seiner Verwandten zukommen lassen. Dafür sei an dieser Stelle noch einmal herz-lich gedankt.

durrahman", denn er war einer der wenigen studierten Belutschen, die es in Afghanistan gibt.

Wie Wadscha Abdurrahman erzählte, hatte er schon in der Herrschaftszeit der Taliban begonnen aufzuschreiben, was er erlebte und hörte. Das war keineswegs ungefährlich. Deshalb führte er diese Aufzeichnungen damals fast immer in Belutschi. Das konnte in Afghanistan kaum ein anderer Belutsche lesen, von den Taliban ganz zu schweigen. Das belutschische Schriftsystem, das er dabei verwendete, hatte er ein gutes Jahrzehnt vorher mit in- und ausländischen Fachkollegen selbst entwickelt – in einer Zeit, als in Afghanistan die Losung galt, dass jede größere Völkerschaft das Recht haben sollte, in der eigenen Sprache lesen und schreiben zu dürfen, als in den belutschischen Schulen Afghanistans erstmals Belutschi unterrichtet wurde und als die ersten Bücher und Zeitschriften in dieser Sprache die Kabuler Druckereien verließen. Damals hatte er sicher nicht geahnt, dass er dasselbe Schriftsystem nur wenige Jahre später als eine Art Geheimschrift benutzen könnte und auch benutzen müsste.

Im Spätsommer des Jahres 2000 war Abdurrahman Pahwal gezwungen, Afghanistan zu verlassen. Mit seiner Familie ging er in die Stadt Zabul, die kaum zwanzig Kilometer von seiner Heimatstadt Zarandsch entfernt ist, aber auf der anderen Seite der Grenze im iranischen Teil Belutschistans liegt. Dort übertrug er seine Niederschriften bis zum November 2001 ins Persische und fügte sie zu jenen „Erinnerungen und Notizen" zusammen, die er mir ein Jahr später im afghanischen Zarandsch zeigte.

Sehr viel war damals bereits über die Taliban und ihre Herrschaft in Afghanistan geschrieben worden, doch die Autorinnen und Autoren waren in der Regel ausländische Wissenschaftler und Journalisten. Als ich das handgeschriebene Büchlein von Abdurrahman Pahwal in den Händen hielt und ein erstes Mal überfliegen durfte, wurde mir bald klar, dass sich dieser Bericht von allem unterscheiden würde, was ich bis dahin über die Herrschaft der Taliban gelesen hatte.

Die Handschrift, die hier in einer deutschen Übersetzung vorgelegt wird, bietet in zeitlicher Hinsicht einen weitgehend chronologisch geordneten Überblick über die Ereignisse, die sich vom Auftauchen der Taliban bis zum Ende ihrer Herrschaft im Herbst 2001 zugetragen haben. Gelegentlich wird auf frühere Ereignisse Bezug genommen, die bis in die 1950er Jahre zurückreichen können. In räumlicher Hinsicht konzentriert sich die Schilderung auf die Geschehnisse in der Provinz Nimroz, also in einer Gegend, bei der das Wort „Provinz" nicht nur zur Kennzeichnung einer administrativen Einheit dient, sondern auch zur Umschreibung dessen angebracht ist, was man ansonsten als Peripherie zu bezeichnen pflegt. Die Handschrift entführt uns somit in einen jener Landstriche außerhalb von Kabul, Kandahar, Dschalalabad, Herat, Kunduz oder Mazar-i Scharif, die in den sonstigen Berichten weitgehend unbeachtet bleiben, obwohl die Mehrheit der Bevölkerung Afghanistans gerade dort zu Hause ist. Sie bietet Innenansichten aus der afghanischen Provinz.[2] Der Titel, unter dem diese Handschrift hier in einer deutschen Übersetzung veröffentlicht wird, geht auf die Bezeichnung der Provinz Nimroz zurück, in der sich die beschriebenen Ereignisse zugetragen haben. Nimroz bedeutet „Mittag", „Halbtag". Als die Provinz Nimroz, die den zu Afghanistan gehörenden Teil des historischen Großraums Sistan umfasst, 1964 in ihren heutigen Grenzen als eigenständige Verwaltungseinheit entstand, wurde ihr dieser alte Name gegeben, weil diese Gegend mit den meisten Sonnentagen und den höchsten Sommertemperaturen zu den heißesten Gebieten Afghanistans zählt. Nimroz ist seit alten Zeiten das „Land der Mittagssonne".[3]

Der Verfasser

Wenn der Autor im Titel seiner Abhandlung von *persönlichen* Erinnerungen und Notizen spricht, so ist das in doppelter Hinsicht wörtlich zu nehmen. Die Darstellung erfolgt zum einen aus der subjektiven Sicht des Verfassers, die neben individuellen Anschauungen auch die kollektive Mentalität und Kultur jener Gruppe mäßig aufgeklärter afghanischer Intellektueller widerspiegelt, der er zugerechnet werden kann. Zum anderen trägt die Schilderung in einzelnen Abschnitten starke autobiographische Züge. Aus beiden Gründen soll ihr Verfasser an dieser Stelle kurz vorgestellt werden.

Abdurrahman Pahwal entstammt einem ländlichen Milieu. Er wurde Anfang der 1940er Jahre im Landkreis Ibrahimabad geboren, der zum Bezirk Kang der heutigen Provinz Nimroz gehört. Sein Vater war – nach eigener Einschätzung von Abdurrahman Pahwal – ein mittlerer Grundbesitzer.

---

[2]Nur am Rande sei bemerkt, dass Ahmed RASHID in seinem Buch *Taliban. The Story of the Afghan Warlords* ([1]London 2000, [2]London 2001), das bislang als die detaillierteste Beschreibung des Phänomens Taliban gilt, mit keinem Wort auf die Entwicklungen in der Provinz Nimroz eingeht.

[3]Die Bezeichnung Nimroz ist seit frühneupersischer Zeit belegt, wo sie unter anderem im Schahnama von Firdausi verwendet wurde, um mit „Halbtag" (Persisch: *nīm-rōz*) die Regionen südlich von Churasan, dem „östlichen Land", zu bezeichnen. Zu den historischen Bezeichnungen der Region siehe C.E. BOSWORTH: *The history of the Saffarids of Sistan and the Maliks of Nimruz (247/861 to 949/1542-3)*, Costa Mesa/New York 1994, S. 30-38, und Muhammad Ibrāhīm ᶜATĀYĪ: „Tazkirāt-i muchtasar-i ġuġrāfiyaī dar bārayi Sīstān wa Zābulistān", *Āryānā*, Kābul 41 (1362 [1983]) 2, S. 19-46.

Offensichtlich lag ihm die Bildung seines kleinen Sohnes sehr am Herzen. Zu jener Zeit gab es in der ganzen Provinz aber nur eine einzige Schule, die sich in Kang, dem damaligen Provinzzentrum, befand. Wie Abdurrahman Pahwal erzählte, legte er den mehrere Kilometer weiten Schulweg jeden Tag „barfuß und ohne Kopfbedeckung" zurück. Als er in die zweite Klasse kam, starb sein Vater. Die ganze Landwirtschaft lag nun in den Händen seiner älteren Brüder. Nachdem er die sechste und zugleich letzte Klasse abgeschlossen hatte, die es in dieser Schule gab, kam eine Abordnung aus Kabul, um die begabtesten Schüler für eine weitere Ausbildung in die Landeshauptstadt zu holen. Nur zwei Schüler bestanden die Prüfung, Abdurrahman Pahwal war einer von ihnen. So ging er im Frühling 1954 nach Kabul, wo er an einem Lehrerbildungsinstitut bis zur zwölften Klasse weiterlernen konnte. Wie er selbst betonte, wurden alle Kosten für Ausbildung, Unterkunft und Verpflegung von Staat getragen. Nach dem Schulabschluss wurde er gebeten, in Kabul zu bleiben und eine Zeit lang als Grundschullehrer zu arbeiten.

Damit zeichnete sich für Abdurrahman Pahwal schon damals eine Entwicklung ab, wie sie für viele Vertreter der afghanischen Intelligenz charakteristisch war. Einzelne Personen wurden zwar aus dem ländlichen Raum rekrutiert, um in der Landeshauptstadt eine moderne Ausbildung zu erhalten, doch nur wenige kehrten anschließend in ihre Heimatgegenden zurück. Die meisten zogen das vergleichsweise weltoffene, intellektuell anregende und in mancher Hinsicht wohl auch freizügigere Leben in der Hauptstadt vor, wodurch sich die kulturellen und geistigen Unterschiede zwischen Kabul und den ländlichen Gegenden Afghanistans zunehmend verfestigten und im Laufe der Zeit immer größer wurden.[4]

Nach zwei Jahren Lehrertätigkeit in Kabul nahm Abdurrahman Pahwal an den Aufnahmeprüfungen für die Kabuler Universität teil. Er bestand die Prüfung und wurde der Paschto-Abteilung der Fakultät für Sprachen und Literatur zugewiesen. Das Studium dauerte vier Jahre, wobei im ersten Jahr eine allgemeine humanwissenschaftliche Ausbildung (Philosophie, Logik, Geschichte und anderes) erteilt wurde und die folgenden drei Jahre der fachbezogenen Ausbildung gewidmet waren. Nach dem Studienabschluss blieb der frisch gebackene Sprach- und Literaturwissenschaftler zwölf weitere Jahre Angestellter der Universität Kabul und konnte in diesen Jahren auch einen Studienaufenthalt in Australien wahrnehmen. Obwohl dies – zumindest in der afghanischen Hauptstadt – eine politisch

---

[4]Zur sozialen und ethnisch-regionalen Zusammensetzung der akademischen Elite Afghanistans im betreffenden Zeitraum siehe Hans-Henning SAWITZKI: *Die Elitegruppe der Akademiker in einem Entwicklungsland, dargestellt am Beispiel Afghanistans*, Meisenheim am Glan 1972, insbesondere S. 50 ff.

sehr bewegte Zeit war, gehörte Abdurrahman Pahwal nie einer Partei oder anderen politischen Bewegung an. Anfang der 1970er Jahre wurde er an ein neu gegründetes Zentrum für Paschto-Studien berufen, wo er als Redakteur verschiedener Zeitschriften tätig war. Schon ab der elften Schulklasse (ca. 1956/1957) war Abdurrahman Pahwal nebenberuflich außerdem beim afghanischen Rundfunk tätig. Hier waren seine Sprachkenntnisse für das Belutschi-Programm gefragt, das zu dieser Zeit jedoch nicht für die Belutschen Afghanistans ausgestrahlt wurde, sondern für die belutschische Bevölkerung im benachbarten Pakistan – oder, wie man damals zu sagen pflegte, in „Paschtunistan". Diese journalistische Tätigkeit setzte er auch später fort, solange er in Kabul lebte.

Nach der Machtübernahme durch die Kommunisten im Jahre 1978, die später als *inqilāb-i saur* (Aprilrevolution) in die Geschichte einging, wechselte Abdurrahman Pahwal zur Akademie der Wissenschaften, die aus der ehemaligen *Paxtō ṯōlena*, der Paschto-Akademie, hervorgegangen war. In diesen Jahren war neben den offiziellen Landessprachen Persisch (Dari) und Paschto fünf weiteren Sprachen Afghanistans (Usbekisch, Turkmenisch, Belutschi, Nuristani und Paschai) der Status einer „Nationalsprache" erteilt worden.[5] Zur Unterstützung dieser neuen Nationalitätenpolitik wurde an der Akademie der Wissenschaften eine so genannte Abteilung für Sprachen und Literaturen der Brudervölkerschaften geschaffen, die Abdurrahman Pahwal viele Jahre lang leitete. In dieser Zeit unternahm er umfangreiche Forschungen zu Sprache und Literatur der Belutschen, veröffentlichte mehrere Bücher, Zeitschriftenaufsätze, verfasste das Manuskript eines Belutschi-Wörterbuchs und legte ein beachtliches Folklorearchiv an.

Als 1992 verschiedene Mudschahedin-Verbände in Kabul einmarschierten und gleich in den ersten Tagen ihrer Herrschaft Bibliotheken zerstörten und Bücherverbrennungen veranstalteten, sah sich Abdurrahman

---

[5]Zu den Verschriftungsbemühungen für das Belutschi und andere Sprachen Afghanistans in den 1980er Jahren siehe A. L. GRÜNBERG: „Afghanistan – Sprachsituation und Sprachenpolitik", *Abhandlungen und Berichte des Staatlichen Museums für Völkerkunde Dresden*, Bd. 47, Frankfurt am Main 1992, S. 235-242; Charles M. KIEFFER: „Die kleinen sprachlichen und ethnischen Gruppen Afghanistans – Gibt es ein linguistisches Problem in Afghanistan?", Siegmar-W. BRECKLE, Claus NAUMANN (Hgg.): *Forschungen in und über Afghanistan. Situation der wissenschaftlichen Erforschung Afghanistans und Folgen der gegenwärtigen politischen Lage. Vorträge auf der 6. Internationalen Arbeitstagung der Arbeitsgemeinschaft Afghanistan in Bielefeld, 4.-5. Februar 1982*, Hamburg 1983, S. 71-91; Lutz RZEHAK: „Some Thoughts and Material on Balochi in Afghanistan", Carina JAHANI, Agnes KORN (eds.): *The Baloch and Their Neighbours: Ethnic and Linguistic Contact in Balochistan in Historical and Modern Times (proceedings of the Balochi symposium in Uppsala 2000)*, Wiesbaden 2004, S. 127-144.

Pahwal gezwungen, die Hauptstadt zu verlassen. Nach 38 Jahren kehrte er in seine Heimatprovinz, nach Nimroz, zurück. Auch dort hatten inzwischen Mudschahedin-Verbände die Macht übernommen, doch diese gehörten zu seinen belutschischen Stammesbrüdern. Hier hatte er weniger zu befürchten als in Kabul, wo sich jene Mudschahedin, die zunächst als Verbündete in die Stadt gekommen waren, gegenseitig zu bekämpfen begannen und wo die Frage der ethnischen Zugehörigkeit über Leben oder Tod einer Person entscheiden konnte.

Diese Rückkehr nach Nimroz im Jahr 1992 bildet den zeitlichen Ausgangspunkt der vorliegenden Handschrift. Die annähernd vier Jahrzente, die Abdurrahman Pahwal zuvor in der Landeshauptstadt verbracht hatte, ließen ihn als einen Intellektuellen zurückkehren, der es gewohnt war, sein Brot mit geistiger Tätigkeit zu verdienen, und nun – allerdings ohne großen Erfolg – wieder das Leben eines Landarbeiters führen musste, um sich und seine Familie ernähren zu können.[6]

Später konnte er, wenn auch unter ganz anderen Prämissen, wieder in Rundfunk- und Zeitungsredaktionen arbeiten. Zuerst baten ihn die Mudschahedin, bei der Gestaltung des lokalen Radioprogramms und bei der Herausgabe einer kleinen Zeitschrift mit dem Namen *Nīmrōz* mitzuarbeiten, die mit bescheidenen fotomechanischen Mitteln in Iran gedruckt und in der gleichnamigen Provinz vertrieben wurde. Auch die Taliban engagierten Abdurrahman Pahwal später für die Herausgabe eines Lokalblattes mit dem Titel ⁽Adālat (Gerechtigkeit) sowie als Redakteur des Lokalrundfunks.[7] Dies entsprach aber weder inhaltlich seinen Vorstellungen von publizistischer oder journalistischer Tätigkeit, noch hätte das Einkommen, das er dafür erhielt, ausgereicht, um seine Familie ernähren zu können. Deshalb verdingte sich der gelernte Sprachwissenschaftler und Hochschullehrer auf dem Basar von Zarandsch nebenbei als Buchhalter bei einem Großhändler.[8]

Als die Taliban-Verwaltung das Provinzzentrum von Zarandsch in die neu gegründete Stadt Ghurghuri verlegte[9], wo mehr Paschtunen lebten

---

[6]Siehe das Kapitel „Der Gutsherr Habibullah" auf S. 3 ff.

[7]Hinweise hierauf finden sich u. a. in dem Kapitel „Ein Hirte als Rundfunk- und Fernsehdirektor" auf S. 94 ff.

[8]Siehe das Kapitel „Wie ich Wissenschaft und Kultur aufgab und Buchhalter wurde" auf S. 49 ff.

[9]Die Taliban haben die Stadt Ghurghuri Ende der 1990er Jahre buchstäblich aus dem Nichts errichtet. Der Name muss einem naiven Zukunftsglauben entsprungen sein, wenn er nicht nur lakonisch gemeint war: *Ġurġurī* bedeutet „Plätschern". Die gleichnamige Stadt liegt jedoch mitten in der Wüste ca. 60 km nordöstlich von Zarandsch an einem Ort, wo es zuvor – sicher nicht ohne Grund – keine nennenswerte Siedlung gab. Aus retrospektiver Sicht wird die Neugründung heute vor allem mit dem starken iranischen Einfluss

und wo sich die Taliban von der Bevölkerung mehr Loyalität erhofften, musste auch der Provinzrundfunk dorthin umsiedeln. Für Abdurrahman Pahwal waren die Arbeits- und Lebensbedingungen in Ghurghuri, das die Taliban möglichst fern von der iranischen Grenze mitten in die Wüste gesetzt hatten, jedoch unertragbar. Nach zwei Monaten beschloss er, den Taliban seine Dienste zu kündigen, und ging im Spätsommer 2000 nach Iran. Dort lebte er annähernd ein Jahr bis zum Untergang der Taliban im Herbst des Jahres 2001. Das Ende der Taliban-Herrschaft in Nimroz und die erneute Machtübernahme durch Mudschahedin-Verbände, die damals ebenfalls mehrheitlich aus dem iranischen Exil nach Nimroz zurückkehrten, bilden den chronologischen Abschluss dieser Handschrift.[10]

Nach dem Ende der Taliban-Herrschaft träumte Abdurrahman Pahwal davon, seine wissenschaftliche Arbeit wieder aufzunehmen. Er sagte, dass er bald nach Kabul zurückkehren wolle, um wie früher an der Akademie der Wissenschaften zu arbeiten. Gesundheitliche Probleme zwangen ihn, diese Reise immer wieder aufzuschieben. Abdurrahman Pahwal verstarb, ohne seinen Traum verwirklichen zu können, am 19. April 2003 in Zarandsch an den Folgen einer schweren Krankheit.

---

im grenznah gelegenen Provinzzentrum Zarandsch erklärt, dem die Taliban durch eine Verlegung der Provinzverwaltung ausweichen wollten. Das Misstrauen, das große Teile der vorwiegend belutschischen Stammesbevölkerung im Westen von Nimroz den Taliban entgegenbrachten, dürfte eine weitere Ursache für diese Neugründung gewesen sein. Ein Besucher erkennt sofort, dass Ghurghuri auf dem Reißbrett geplant wurde. Die Stadt ist von einer quadratisch angelegten Stadtmauer mit repräsentativen Stadttoren umgeben und wird von zwei rechtwinklig verlaufenden Magistralen durchzogen, an deren Kreuzpunkt sich ein Kreisverkehr mit Verkehrsinsel befindet, wie er in vielen afghanischen Städten zu finden ist. Die mit ca. 20 Metern ausgesprochen großzügig gewählte Breite für die beiden Hauptstraßen steht in keinem Verhältnis zum vorhandenen Verkehrsaufkommen und war wohl vor allem als städteplanerische Umsetzung des Herrschaftsanspruchs der Taliban gedacht. Seit dem Untergang der Taliban verkam Ghurghuri zu einem mäßig frequentierten Handelsort von regionaler Bedeutung, in dem Paschtunen nach wie vor die Mehrheit der Bevölkerung stellen dürften. Im Spätsommer 2002 standen mehr als die Hälfte der vorhandenen Läden und Lagerhäuser leer. Reisende aus Zarandsch und anderen Ortschaften im Westen der Provinz legen zwar gelegentlich einen Zwischenstopp ein, um Benzin zu tanken oder Lebensmittel zu kaufen, vermeiden es aber immer noch, sich länger als nötig in Ghurghuri aufzuhalten. Zur Verlegung des Provinzzentrums von Zarandsch nach Ghurghuri siehe auch die Ausführungen von Abdurrahman Pahwal auf S. 80 ff.

[10]Siehe die Kapitel „Wie Mulla Rasul aus Nimroz floh und das Vermögen der Bank von Zarandsch nach Pakistan verschleppte" auf S. 105 ff. und „Geschichte wiederholt sich" auf Seite 107 ff.

Die Erzählmuster

Historische Abhandlungen werden daran gemessen, inwieweit sie dem Anspruch auf historische Wahrheit nahekommen. Dabei ist man geneigt, Aussagen, die auf der Erfahrung von Zeitzeugen beruhen, einen besonders hohen Wahrheitsgehalt zuzuschreiben. Die eigene Erfahrung garantiert aber weder die Wahrheit des Bezeugten, noch die Richtigkeit oder Angemessenheit der Beschreibung, die ein Zeuge gibt. Die Authentiziät des hier veröffentlichten Textes als Zeugnis zur Geschichte der Taliban steht außer Frage. Zu fragen ist aber, für welche unserer Fragen an die Geschichte der Taliban dieser Text als glaubwürdiges Zeugnis angesehen werden kann. Dabei erscheint es angebracht, den fundamentalen Gegensatz zwischen dem, *was* erzählt wird, und dem, *wie* erzählt wird, im Auge zu behalten.

Die „Erinnerungen und Notizen" von Abdurrahman Pahwal, die hier unter dem deutschen Titel „Die Taliban im Land der Mittagssonne. Geschichten aus der afghanischen Provinz" veröffentlicht werden, sind in Bezug auf ihre Erzählstruktur zwischen oraler Erzähltradition, Memoirenliteratur und moderner Geschichtsschreibung anzusiedeln.

Mit der oralen Erzähltradition verbindet sie der Brauch, vergangenes Geschehen in Form einzelner Geschichten zu erzählen.[11] Dabei sieht sich der Verfasser zunächst und vor allem als Hüter der Erinnerung an einzelne Ereignisse.

Grob gesehen werden die Ereignisse chronologisch aneinandergereiht, obwohl nur in wenigen Fällen eine Datierung erfolgt. Die Schilderung beginnt mit der Rückkehr des Verfassers von Kabul nach Nimroz im Jahre 1992 und wird mit der ersten Machtergreifung durch die Taliban Anfang 1995 fortgesetzt, worauf sich ein Bericht über den vorübergehenden Rückzug der Taliban aus Nimroz und ihre erneute Machtergreifung im Herbst 1995 anschließt. Die von den Taliban eingesetzten Provinzgouverneure werden in der Reihenfolge vorgestellt und beschrieben, wie sie in Nimroz auftauchten. Die Handschrift endet mit einer Darstellung jener Er-

---

[11]Zu der in Afghanistan verbreiteten Tradition des Geschichtenerzählens und insbesondere zu ihren performativen Aspekten siehe Margret A. MILLS: *Rhetorics and Politics in Afghan Traditional Storytelling*, Philadelphia 1991. Zur Generierung von Geschichten beim freien Reden über Ereignisse siehe Lutz RZEHAK: „Narrative Strukturen des Erzählens über Heilige und ihre Gräber in Afghanistan", *Asiatische Studien*, LVIII (2004) 1, S. 195-229. Allgemeinsprachliche und sprachpsychologische Voraussetzungen dieses Redetyps beschreiben u. a. Theo HERRMANN, Joachim GRABOWSKI: *Sprechen: Psychologie der Sprachproduktion*, Heidelberg u. a. 1994 (insbesondere S. 231-235), und Brigitte SCHLIEBEN-LANGE: *Traditionen des Sprechens. Elemente einer pragmatischen Sprachgeschichtsschreibung*, Stuttgart u. a. 1983.

eignisse, die das Ende der Taliban-Herrschaft mit sich brachten und den Mudschahedin wieder zur Macht verhalfen.

Die Bewahrung einer solchen chronologischen Grundlinie kann aber nicht bedeuten, dass sich alle Einzelereignisse tatsächlich in der Reihenfolge zugetragen haben, wie sie hier geschildert werden. Wenn wir die Darlegungen von Abdurrahman Pahwal als funktionales Erzählen verstehen, bestand seine Absicht keineswegs darin, vergangenes Geschehen in einer ungebrochenen chronologischen Linie mit allen temporalen und kausalen Verknüpfungen darzustellen. Manche Einzelereignisse wurden deshalb als tradierungswürdig angesehen und in die Abhandlung aufgenommen, weil sie dem Verfasser geeignet erschienen, einen allgemeineren Sachverhalt anschaulich und in einer sinnstiftenden Weise, ja gelegentlich sogar metaphorisch zu illustrieren. Die Frage, wann sich ein solches Ereignis innerhalb der Herrschaftszeit der Taliban tatsächlich zugetragen hat, ist in diesen Fällen von untergeordneter Bedeutung.

So wird zum Beispiel im Kapitel „Ein Hirte als Rundfunk- und Fernsehdirektor" (S. 94 ff.) beschrieben, wie ein vollkommener Analphabet, der sein ganzes Leben lang nichts anderes gemacht hatte, als Schafe und Ziegen zu hüten, von den Taliban in Nimroz als Rundfunkdirektor eingesetzt wurde. Trotzdem konnte dieser Hirte wegen seines aufrichtigen Wesens das Vertrauen der einheimischen Mitarbeiter gewinnen. Er war sogar ehrlich genug einzugestehen, dass ihn die Macht, die ihm plötzlich gegeben war, deutlich überforderte, und kehrte deshalb bald wieder in sein Heimatdorf zurück. Dieses Kapitel kommt im Text erst nach der Schilderung der ersten amerikanischen Bombenangriffe vom Oktober 2001. Tatsächlich dürfte sich diese Begebenheit aber schon zu einem viel früheren Zeitpunkt zugetragen haben. Das ist jedoch nebensächlich, denn Abdurrahman Pahwal wollte diese Begebenheit schildern, um zusammenfassend zu zeigen, welche ungebildeten Personen damals Schlüsselposten in der afghanischen Gesellschaft einnahmen, die eigentlich eine langjährige Fachausbildung erfordern. Den Weggang dieses Hirten kommentierte er deshalb mit den Worten „Ach wenn doch alle Hirten so wären wie er und ihre Füße auf dem eigenen Teppich gelassen hätten", um zugleich all jenen Taliban eine unmissverständliche Lehre zu erteilen, die weit weniger einsichtig waren als dieser Hirte und das Land einer jahrelangen Herrschaft von Unwissenheit und fachlicher Inkompetenz in den einfachsten Verwaltungsfragen aussetzten.

In ähnlicher Weise enthalten auch andere Kapitel geschichtenartig strukturierte Darstellungen einzelner Begebenheiten, deren Platzierung im Gesamttext nicht in jedem Fall Schlussfolgerungen auf die chronologische Einordnung der geschilderten Geschehnisse erlauben sollte. Der Zeitpunkt, zu dem sich diese Einzelereignisse zugetragen haben, bleibt nicht zufällig ungenannt. Er ist für die Absicht des Verfassers vergleichsweise belanglos. Diese Geschehnisse werden geschildert, um einen allgemeinen Zustand wertend zu beschreiben, den der Autor für die Herrschaftszeit der Taliban insgesamt als charakteristisch ansieht.

Ich habe bei meiner Reise nach Südwest-Afghanistan im Spätsommer 2002 viele Gespräche geführt, bei denen ich nach Erinnerungen über die Zeit unter den Taliban fragte. Dabei fiel auf, dass vor allem Personen, die über gar keine oder nur über rudimentäre Schriftkundigkeit verfügen und die deshalb in einem stärkeren Maße mit der oralen Erzähltradition verbunden sind, die Zeit der Taliban-Herrschaft ebenfalls gern in Form von Einzelerlebnissen beschrieben, die kaum Hinweise auf eine zeitliche Zuordnung enthielten, aber einen bestimmten Sachverhalt möglichst anschaulich beschreiben sollten. Häufig wurden auch beim mündlichen Erzählen kleine Geschichten generiert, deren narrative Struktur sich an dem in der oralen Literatur Afghanistans etablierten Genre der *riwāyat* – „Überlieferung", „metaphorische Kurzgeschichte" orientierte.[12] Fast jede der mündlich erzählten Geschichten ließe sich – wie auch in dieser Handschrift geschehen – mit einer treffenden Überschrift versehen, etwa: „Wie mir verboten wurde, unsere Sprache zu sprechen", „Wie mein Bruder wegen Waffenbesitzes inhaftiert wurde" oder „Wie ein Belutsche seine Tochter an einen Paschtunen verheiratete". War einer der Anwesenden für seine erzähltechnische Begabung bekannt, kam es sogar vor, dass diese Person gebeten wurde, das eine oder andere Erlebnis zu erzählen, obwohl derjenige, der diese Begebenheit erlebt hatte, selbst anwesend war. Narrative Erinnerung wird somit delegiert. Personen, die mit der oralen Erzähltradition in einem besonderen Maße verbunden sind, werden zu informellen Hütern der narrativen Erinnerung ernannt.

Was all diesen Geschichten aber noch fehlte, war eine prägnante metaphorische Sinngebung, die letzten Endes zur Inszenierung einer subjektunabhängigen historischen Überlieferung beitragen könnte, wie sie bei vielen erfolgreich tradierten *riwāyat* aus einer frühren Vergangenheit gegeben ist. Die geschilderten Erlebnisse aus der Zeit der Taliban-Herrschaft

---

[12]Hier wird das Wort *riwāyat* in seiner volkstümlichen Bedeutung zur Bezeichnung eines Genres der afghanischen Folklore verwendet, siehe hierzu auch Georg MORGEN-STIERNE: „Volksdichtung in Afghanistan", *Afghanistan Journal*, 1 (1974) 4, S. 2-17. In einem etwas anderen Sinn benutzen islamische Rechtsgelehrte dieses Wort (dann allerdings in der arabischen Form *riwāya*) als wissenschaftlichen Terminus im Bereich von Traditionskritik und Hadith-Forschung. Siehe hierzu G. SCHOELER: „Die Frage der schriftlichen und mündlichen Überlieferung der Wissenschaften im Islam", *Der Islam*, LXII (1985) 2, S. 201-230.

stammen aus einer sehr rezenten Vergangenheit und gehören somit zum persönlichen Erfahrungsbereich der Erzähler. Sie sind deshalb dem kommunikativen Gedächtnis der heute in Afghanistan lebenden Menschen zuzuordnen und ihre Vergegenwärtigung entzieht sich daher noch einigen Mechanismen narrativer Abstraktion, die zur Inszenierung einer subjektunabhängigen historischen Überlieferung notwendig wären.[13]

Abdurrahman Pahwal versteht sich ebenfalls als Hüter narrativer Erinnerung, wenngleich die metaphorische Sinngebung einzelner Begebenheiten auch in seinen Ausführungen nicht immer mit so prononcierten Aussagen erfolgt wie im erwähnten Kapitel über den Hirten als Rundfunkdirektor. Gelegentlich werden zwar Verse aus dem literarischen Erbe der persischen, seltener auch der Paschto-Literatur eingefügt, um einen Gedanken in einer umschreibenden und rhetorisch anspruchsvollen Weise zu bündeln, meistens wird der sinnstiftende Gedanke, der durch die Schilderung eines Einzelereignisses veranschaulicht werden soll, aber in einer unvermittelten Weise gleich zu Beginn eines Kapitels dargelegt. Das Ereignis, das anschließend in Form einer mehr oder weniger elaborierten Geschichte erzählt wird, dient also nur noch zur Illustration einer vorgegebenen Interpretation des Verfassers, anstatt dem Leser durch die Suggerierung einer metaphorischen Idee die Möglichkeit einer eigenen Sinngebung zu bieten. Die narrative Struktur, in der solche Ereignisse wiedergegeben werden, mag daher gelegentlich etwas unausgereift erscheinen.

Hinsichtlich des erzähltechnischen Abstraktionsgrades nimmt das Kapitel „Eine Erinnerung an die Trockenheit" (S. 85 ff.) eine Sonderstellung ein. Hier werden Wildschweine in einer Weise, wie sie uns eigentlich nur aus Tiermärchen oder Fabeln bekannt ist, mit antropomorphen Zügen versehen, um zu zeigen, welch verheerende Folgen die jahrelange Trockenheit, die unter den Taliban in Afghanistan herrschte, nicht nur für die Menschen und ihren Umgang miteinander, sondern auch für ihr Verhältnis zur Umwelt hatten.[14] Das diesem Kapitel zugrunde liegende Ereignis

---

[13]Zur Unterscheidung zwischen kulturellem und kommunikativem Gedächtnis im Zusammenhang mit der Entwicklung von Geschichtsbewusstsein als narratives Sinnbild von Zeiterfahrung siehe u. a. J. ASSMANN: *Das kulturelle Gedächtnis. Schrift, Erinnerung und politische Identität in frühen Hochkulturen*, München 1992; L. NIETHAMMER: *Lebenserfahrung und Kollektives Gedächtnis. Die Praxis der Oral History*, Frankfurt am Main 1980; J. STRAUB: „Geschichten erzählen, Geschichte bilden. Grundzüge einer narrativen Psychologie historischer Sinnbildung", J. STRAUB (Hg.): *Erzählung, Identität und historisches Bewusstsein. Die psychologische Konstruktion von Zeit und Geschichte*, Frankfurt am Main 1998, S. 81-169.

[14]Als 1997, also zwei Jahre nach der Machtergreifung durch die Taliban, in Afghanistan eine mehrjährige Dürreperiode begann, wurde diese zeitliche Koinzidenz im afghanischen Volksmund – nicht immer frei von Ironie – als „Strafe Gottes" für die Verbrechen

kann als real angesehen werden: Als Wildschweine und andere Wildtiere in den Trockenjahren auf der Suche nach Wasserstellen immer häufiger in die Nähe von Menschensiedlungen kamen, wurden sie von den Bewohnern in so großer Zahl getötet, dass ganze Tierarten, die noch vor zehn Jahren in Nimroz heimisch waren, heute als ausgestorben gelten müssen. Bei der Schilderung dieses Ereignisses gibt der Autor den Anspruch auf eine faktual-historische Darstellung endgültig auf und wählt stattdessen das Mittel der unverkennbaren Fiktion. Er lässt keine realen Sprecher mehr reden, sondern führt in Gestalt der Wildschweine erfundene bzw. imaginierte Sprecher vor, denen er Aussagen in den Mund legt, die nur noch als authentisch suggeriert werden. Fiktional ist die Art, in der dieses Ereignis geschildert wird, nicht aber das Ereignis selbst. Das Mittel der Fiktion wurde gewählt, um die Folgen eines Einzelereignisses in einer besonders wirkungsvollen, weil emotional berührenden Weise zu veranschaulichen. Diese Absicht verbindet dieses Kapitel mit anderen Kapiteln. Das erzähltechnische Verfahren, das hier gewählt wurde, um diese Absicht zu erreichen, ist in Bezug auf die Unverkennbarkeit des dichterisch-fiktionalen Moments aber einzigartig und begründet die erwähnte Sonderstellung dieses Textabschnitts.

Doch auch für viele andere Kapitel kann gelten: Eine wohlgebildete Geschichte bliebe für den Autor pragmatisch defizitär, solange sie nicht auch eine Antwort auf die Frage nach dem Sinn des Geschehens bietet. Er möchte nicht nur darstellen, was geschah, sondern zugleich erklären, was das Geschehene bedeutet. Deshalb erzählt er Geschichte gern in Form von sinnstiftenden Geschichten, bei denen fiktional-dichterische Elemente gegenüber dem faktualen Geltungsanspruch einer historiographischen Darlegung keine alternative, sondern eine zusätzliche Dimension der Sinnbildung darstellen.

Die Erzählstruktur der „Erinnerungen und Notizen" von Abdurrahman Pahwal ist mit der beschriebenen Vorliebe für die Generierung sinnstiftender Einzelgeschichten in der oralen Erzähltradition Afghanistans verwurzelt. Sie weist aber zugleich auch einige Merkmale auf, die aus der persischsprachigen Memoirenliteratur bekannt sind.[15] Abschnitte aus dem Leben des Verfassers werden rekonstruiert und von Zeit zu Zeit mit der Darstellung der Geschichte der Taliban-Herrschaft in Nimroz verflochten.

---

der Taliban gedeutet. Diese Interpretation erhielt eine weitere Bestätigung, als mächtige Regenfälle im Winter 2002/2003, also ein Jahr nach dem Untergang der Taliban, das Ende der Dürre einleiteten.

[15]Zu historiographischen Aspekten der persischen Memoirenliteratur siehe Bert G. FRAGNER: *Persische Memoirenliteratur als Quelle zur neueren Geschichte Irans*, Wiesbaden 1979.

Trotzdem ist das Werk in seiner Gesamtheit keine Autobiographie, denn im Mittelpunkt steht nicht die innere Entwicklung des Autors und seiner Persönlichkeit. Der Verfasser bleibt seinem Anspruch treu, vornehmlich politische bzw. historische Geschehnisse und Abläufe der jüngeren Vergangenheit festzuhalten und möchte seine schriftstellerische Tätigkeit deshalb vor allem unter historiographischen Gesichtspunkten gewürdigt sehen. Autobiographische Einschübe sind der Tatsache zuzuschreiben, dass der Text, wie der Verfasser im Titel erklärt, auf persönlichen Erinnerungen basiert. Außerdem wurden große Abschnitte dieser Abhandlung bereits während der Taliban-Herrschaft verfasst, als Abdurrahman Pahwal nicht einmal in seinen kühnsten Träumen glauben konnte, dass seine Aufzeichnungen in absehbarer Zukunft einem größeren Leserkreis zukommen könnten. Die Notizen waren damals eine Art innerer Dialog oder Selbstreflexion, wodurch Bezüge auf die eigene Person geradezu herausfordert wurden. Das Vorwort, in dem der Verfasser erklärt, den kommenden Generationen mit seinen „Erinnerungen und Notizen" ein Zeugnis der damaligen Zustände hinterlassen zu wollen (siehe S. 2), wurde erst im Nachhinein geschrieben und zudem in einer Zeit, als das Ende der Taliban-Herrschaft bereits besiegelt war. Die Absicht, mit der der Verfasser seine Aufzeichnungen begann, war also eine andere als die Absicht, mit der er diese Aufzeichnungen abschloss und in der vorliegenden Form zusammenfasste.

Darüber hinaus wollte Abdurrahman Pahwal auch den Ansprüchen jener modernen Geschichtsschreibung genügen, mit der er aufgrund seiner universitären Ausbildung und akademischen Tätigkeit ebenfalls vertraut war. Diese Ansprüche lassen sich in der Absicht bündeln, vergangenes Geschehen als objektiv sinnvollen und kohärenten Zusammenhang mit erklärbaren kausalen Verknüpfungen zu begreifen.[16] Gelegentlich bietet er deshalb analytische Zusammenfassungen oder er führt jene Faktoren an, die das eine oder andere Ereignis seiner Meinung nach bewirkten.

---

[16]Der erste afghanische Historiker, der diesen Anspruch in einer Art Nationalgeschichte konsequent durchsetzte und damit das historische Denken seiner Landsleute entscheidend prägen konnte, war Mīr Ġulām Muhammad ĠUBĀR (1895-1978) mit seinem Werk *Afġānistān dar masīr-i tārīch* (Afghanistan im Verlauf der Geschichte), Kābul 1345 [1966]. Mīr Muhammad Siddīq FARHANG (1915-1990) ließ sich mit seinem im In- und Ausland von vielen Afghanen rezipierten Geschichtswerk *Afġānistān dar panǧ qarn-i achīr* (Afghanistan in den fünf letzten Jahrhunderten), 2 Bde., Qum 1371 [1982], von ähnlichen Ansprüchen leiten, weitete seine kausalen Erklärungsmuster über vordergründig politische und sozio-ökonomische Faktoren hinaus aber auch auf kulturgeschichtliche Zusammenhänge aus und führte zudem moderne Methoden der historischen Quellenkritik in die afghanische Geschichtsschreibung ein.

Kausale Konnektoren bilden aber kein durchgängiges Element der Erzählstruktur, das alle Abschnitte dieser Abhandlung miteinander verknüpfen würde. Ursachen für Einzelereignisse werden wie in einem historischen Lehrwerk oft nur stichpunktartig angeführt.

Seine Erklärungsversuche folgen einem Muster, das jedem bekannt sein dürfte, der den innerafghanischen gesellschaftlichen Disput der vergangenen Jahre einigermaßen verfolgen konnte. Das Phänomen Taliban wird primär als eine von Pakistan initiierte, also fremdbestimmte Erscheinung gesehen, mit der Afghanistan in eine Kolonie ausländischer Mächte verwandelt werden sollte. Diese Sicht prägt seine Wortwahl: Selten heißt es im Text einfach „die Taliban", sondern in nahezu liturgischer Weise schreibt der Verfasser immer wieder „die von Pakistan initiierte, so genannte Islamische Bewegung der Taliban", wenn von den damaligen Machthabern die Rede ist. Die Bewegung der Taliban wird als „so genannte Islamische Bewegung" bezeichnet, um zu zeigen, dass die von ihnen vertretenen Auffassungen über die Ordnung einer islamischen Gesellschaft in keiner Weise mit den islamischen Traditionen *des* Volkes oder *der* Menschen von Afghanistan übereinstimmen. Die als Drahtzieher der Taliban-Herrschaft gesehenen ausländischen Mächte werden ohne nähere Spezifizierung als „Kolonisatoren" bezeichnet. Pakistanische Paschtunen nennt Abdurrahman Pahwal gelegentlich „englische Sklaven", um eine ungebrochene Kontinuitätslinie von der ehemaligen britischen Kolonialherrschaft in Indien bis zu heutigen Fremdeinflüssen in Pakistan zu zeichnen. Mit solchen Formulierungen erzeugt der Autor eine Extremwertsemantik, die jede andere Interpretation von Vornherein ausschließen soll.

Abdurrahman Pahwal ist aber weit davon entfernt, alle Menschen in Afghanistan als „Opfer" der Geschehnisse zu sehen und die „Täter" ausschließlich fremden Mächten zuzuordnen. Sein Text bietet anschauliche und detaillierte Informationen zu den Helfershelfern der Taliban aus den Kreisen der einheimischen Bevölkerung. Wir lernen Personen kennen, die es verstanden, ungeachtet ideologischer Vorbehalte jedem Herrschaftssystem zu dienen, das es in den vergangenen 25 Jahren in Afghanistan gab. Mitunter versucht der Autor sogar, kleine Psychogramme zu entwickeln, um die Motivationen zu ergründen, die diese Menschen nach seiner Meinung zu ihrem Handeln bewegten.[17] Das Phänomen Taliban wird somit seiner ideologischen Überfrachtung entrissen. Den Handlungen der Taliban und ihrer Helfershelfer werden neben ideologischen Zielen, die es zweifellos gab, auch sehr profane Absichten zugrundegelegt, die mei-

---

[17]Ein amüsantes Exempel bietet hierfür das Kapitel „Wie der Leiter der Behörde für die Bekämpfung von Sünde und Frevel einen Esel begattete" auf S. 102 ff.

stens im Streben nach Macht und materiellem Besitz gesehen werden. Im afghanisch-iranischen Grenzgebiet von Nimroz, das durch die Einkommen aus dem legalen und illegalen Grenzhandel für viele Personengruppen über eine besondere Anziehungskraft verfügt, waren solche Motive, wie wir erfahren, mitunter weit wichtiger als die abstrakte Idee der Verbreitung eines fundamentalistischen Islam. Auf dieser wirtschaftlichen Basis wurden manche Bündnisse geschlossen, die unter ausschließlich ideologischen Aspekten wohl unwahrscheinlich gewesen wären.

Oft tragen seine Erklärungsversuche stark moralisierende Züge. Dies ist der erklärten Absicht des Verfassers zuzuschreiben, kommenden Generationen mit seinen „Notizen und Erinnerungen" ein durchaus belehrendes Zeugnis jener Zustände zu hinterlassen, die zur Zeit der Taliban in Afghanistan vorherrschten.

Neben vielen Einzelinformationen, an deren sachlicher und historischer Triftigkeit wohl kein Zweifel bestehen kann, sind die Aufzeichnungen von Abdurrahman Pahwal vor allem ein authentisches Zeugnis dafür, wie ein Vertreter der gemäßigt aufgeklärten Intelligenz Afghanistans die von ihm selbst erlebte jüngere Geschichte seines Landes sehen und erzählen möchte und welche Lehren er seinen Mitmenschen und ihren Nachkommen in diesem Zusammenhang erteilen will.

Technische Hinweise

Die Übersetzung wurde zum besseren Verständnis mit einigen Anmerkungen versehen. Sie enthalten erklärende Informationen zu Personen, Ortschaften, ethnischen Bezeichnungen sowie zu einigen Ereignissen, die im persischsprachigen Original ohne weiterführende Angaben erwähnt werden, weil sie in Afghanistan gewissermaßen als Allgemeinwissen gelten, was bei einem deutschsprachigen Leserkreis natürlich nicht in gleicher Weise vorausgesetzt werden kann.[18] Gelegentlich bieten die Anmerkungen auch Querverweise auf andere Textstellen, in denen dieselbe oder eine verwandte Frage behandelt wird. All diese Anmerkungen, die durchgängig in Fußnoten gegeben werden, stammen also vom Übersetzer und sind kein Bestandteil der Originalhandschrift.

---

[18]In die Anmerkungen sind ohne besondere Kennzeichnung auch Informationen über Genealogien und Verbreitungsgebiete einiger belutschischer Stammlinienverbände eingeflossen, die einem anderen Manuskript von Abdurrahman Pahwal entstammen. Dabei handelt es sich um ein in Persisch abgefasstes Verzeichnis belutschischer Clans und Stämme im Umfang von 243 Manuskriptseiten (*Qāmūs-i qabāyil-i balōč*, Ms., Zarang 1379 [2000/2001]), das mir Abdurrahman Pahwal ebenfalls zur Verfügung stellte.

Datumsangaben erfolgen im Originaltext nach dem islamischen Sonnenkalender. Dieser Brauch wurde bei der Übersetzung bewahrt, wobei in eckigen Klammern die Entsprechung nach dem gregorianischen Kalender angeführt wird.

Afghanische Eigennamen und Termini, die nicht nur aus dem Persischen (Dari), sondern auch aus dem Paschto oder aus dem Belutschi stammen können, werden in einer eingedeutschten Schreibweise wiedergegeben, um den Text für ein möglichst breites Lesepublikum lesbar zu machen und nicht unnötig mit diakritischen Zeichen zu überlasten. Mit Ausnahme von [z], das stets als stimmhaftes („weiches") s wie in „Susi" auszusprechen ist, können alle Buchstaben und ihre Verbindungen so ausgesprochen werden, wie es im Deutschen üblich ist, um eine annähernd originalgetreue Aussprache zu erreichen. Die Betonung liegt in der Regel auf der letzten Silbe.

Die Übersetzung enthält einige originalsprachige Zitate, die in der arabischbasierten Schrift des Persischen (Dari) oder Paschto wiedergegeben werden. Leser, die dieser Schrift nicht mächtig sind, mögen sich davon bitte nicht irritieren lassen. Es handelt sich hierbei um kurze Verse oder um Sprichwörter, die auch im Original angeführt werden sollen, weil ihnen in der Handschrift eine wichtige stilistische Funktion zukommt. Bei ihrer Übersetzung wurde einer inhaltlichen Adäquatheit gegenüber formalen Merkmalen wie Reim oder Versmaß der Vorzug gegeben.

Einige – ausgesprochen wenige – originalsprachige Zitate werden in einer lateinbasierten Umschrift angeführt, weil es sich in diesen Fällen um die Wiedergabe mündlicher Rede handelt.[19]

Die Wörter Taliban und Mudschahedin bezeichnen Pluralformen. Die Singularformen lauten Talib bzw. Mudschahed und werden gelegentlich auch in dieser Form und Bedeutung verwendet.

Bei der Übersetzung wurde die im Originaltext vorgegebene Reihenfolge der Kapitel bis auf eine Ausnahme bewahrt. Diese Ausnahme bezieht sich auf das Kapitel „Die Wasserfrage in Zarandsch" (S. 9 ff.), das in der Handschrift ohne eigene Überschrift als eine Art Gedankenintermezzo erst nach dem Kapitel „Was ich im Büro des Wali gesehen und erlebt habe" (S. 26 ff.) stand. Da es keinen direkten Bezug zur Herrschaft der Taliban enthält, sondern einen Aspekt der gesellschaftlichen Entwicklung vor

---

[19]In diesen Fällen wird ein phonologisches Transkriptionssystem verwendet, das in Bezug auf das Persische sicher keiner weiteren Erklärungen bedarf. In Paschto-Wörtern steht das Zeichen [ə] für den *zwarakay*-Laut. Retroflexe sind durch eine Apostroph über dem entsprechenden Konsonantenbuchstaben gekennzeichnet. Die Zeichenkombination [ĉ] steht allerdings für jenen stimmhaften Plosivlaut, der in der Paschto-Schrift mit ځ wiedergegeben wird, [c] steht dementsprechend für stimmloses څ.

dem Eintreffen der Taliban in Nimroz beschreibt, wurde dieser Abschnitt hier gleich nach dem ersten Kapitel platziert und mit einer eigenständigen Überschrift versehen. Dieses Vorgehen darf als gerechtfertigt gelten, weil mich Abdurrahman Pahwal bei der Übergabe der Handschrift extra darauf hinwies, dass der Text vor einer Veröffentichung noch einiger redaktioneller Änderungen bedarf. Damit meinte er neben einer veränderten Kapitelreihung im Übrigen auch einige inhaltliche Wiederholungen, von denen bei der Übersetzung aber nicht alle ausgespart wurden. So wird zum Beispiel auf S. 55 ff. eine weitere retrospektive Betrachtung zur Wasserfrage in Nimroz geboten, die aber an ihrer ursprünglichen Position belassen wurde, weil sie sich nur schwer mit dem oben erwähnten Kapitel zum selben Thema verbinden ließ. Beibehalten wurden auch Wiederholungen bei einigen Versen, die der Verfasser wie Sprichwörter in seinen Text eingebunden hat. Ein Kapitel über den Umgang der Taliban mit Flüchtlingen wurde weggelassen, denn es war fast vollkommen identisch mit dem Kapitel „Wie Scher Malang mit Flüchtlingen umging" (S. 45 ff.). Dem Kapitel „Der einäugige Dämon" (S. 89 ff.) folgen in den Aufzeichnungen von Abdurrahman Pahwal weitere Abschriften aus iranischen Zeitungen, auf deren Wiedergabe hier ebenfalls verzichtet wurde.

Der Anhang bietet einen Index mit Seitenangaben zu Personen- und Ortsnamen, ethnischen Bezeichnungen und einigen anderen Begriffen.

چیزهایی به میشتۀ رئیس را در کودکون نریج

مردم افغانستان در طول تاریخ که شته با روح میدان و درد ، ما نمی
درمنش نا اهل و بالاخره گروهک ضای جبال سوریه و بزار مای میزی؟ آنها
بوده و در سرزمین مردم مینر موز هر کوشتم آنها را ن حمل کرده ، از جنس
آنهای همیشه تو کما دشمنان کشورمان به این وطن وارد ساخته شده
ولید از مدت کوتاهی یکی از مدرت افتاده و دیگرش به جای او مانده
تاج و تخت شده است اما در دوره حکومت و ارده طالبان تو تکا
پاکستان بر افغانستان حمله ها به نیروای کشیه در تمام منلطق ت
نشلط طالبان رهنما می از جنس هوا نها ، شکار با نان ، بی نیرو دان
دزدان و رهزنان و ما ملای بر افراد ات کشور آمر بودند ، ما مردین
بیمارۀ که در نظم ها می نذشته ضد ماتی را برای میسی فرنش ایام
داده بودند و آنهای مشکلی و کار نهم و نعوص در بخش کار خود بودند
توکما طالبان از وظیفه سبکدوشی و به معرض آنها آنهای موزی الذکر
مقرر شننده در دوایر قانون و متورث موجود نشت تا مطابق ب
آنها در هر بخش اجرارت صورت گیرد حمل کارها به خواهش و خراست
آمر اداره مربوط اجرا می شد به بعضی شعبات از اداری کاتبۀ دار
نزتم گذشته مریضیت مشاور در حلا کارگرفته می شود این اید بیماره
مجبد ت از آمرش که مثلۀ چیان مریاتیان بوده و برگوکفندان
و رشتران حکومت نریته الهمت نموده و راهای استغاده

Abbildung 4: Ausschnitt aus den Aufzeichnungen von A. Pahwal

Abdurrahman Pahwal: Notizen und Erinnerungen

Einige persönliche Erinnerungen des Autors und Beispiele der schändlichen Zustände aus der Zeit des Taliban-Barbarismus in Nimroz, die sich im Namen des neugeborenen pakistanischen Islam im Land zugetragen und die unterdrückten sowie wehrlosen Menschen des alten Nimroz im Feuer von Unterdrückung und Ungerechtigkeit verbrannt haben

Vorwort

Als die Lebensbedingungen in den von den Taliban kontrollierten Gebieten für mich unerträglich wurden, sah ich mich gezwungen, das Land zu verlassen, und sagte mir:

ز دست خبیثان وطن می گذارم - وطن گر عزیز است من می گذارم

Ich entfliehe den Scheusalen der Heimat.
Wenn die Heimat [wieder] liebenswert ist, kehre ich zurück.[1]

Im Monat der Waage des Jahres 1379 [September-Oktober 2000] habe ich mit einem Wort der Verzweiflung und der Hoffnungslosigkeit die Grenze überquert und mit meiner Familie auf der iranischen Seite bei Zabul

---

[1]Dieser Zweizeiler folgt einer fast identischen Vorlage aus dem Mund des afghanischen Königs Amanullah (1919-1929), der vor allem durch seine Aufgeschlossenheit für weitreichende gesellschaftliche Reformen in Erinnerung behalten wird. Als Amanullah 1929 wegen eines Staatsstreiches, der von dem als konservativ geltenden Rebellen Habibullah Kalakani alias Batscha-i Saqau angeführt wurde, das Land verlassen musste, soll er gesagt haben: ز دست عزیزان وطن می گذارم / وطن گر عزیز است من می گذارم – *Ich entfliehe den Lieben der Heimat. / Wenn die Heimat [wieder] liebenswert ist, kehre ich zurück.*

ein Leben im Exil gewählt. Diese Notizen bestehen aus meinen Erlebnissen in Nimroz und Zabul. Ich habe sie für die kommende Generation des Landes und insbesondere für die kommenden Generationen von Nimroz niedergeschrieben, damit sie wissen, was sich in der Zeit der pakistanischen Herrschaft der Taliban, also in jenen Tagen, als das ganze Land im Feuer eines von ihnen und ihren Helfershelfern aufgezwungenen Krieges brannte, auf dem alten Boden von Nimroz über Tag und Nacht zugetragen hat, welches Leid und welche Ungerechtigkeiten die Pandschabi-Söldner diesen muslimischen Menschen zugefügt haben und welche Ziele sie mit ihrer Politik der Rassendiskriminierung und stammesmäßigen Säuberung verfolgten, die vom Zentrum des ISI[2] angewiesen worden war. Ich hoffe, dass in naher Zukunft, wenn das Land aus den Klauen der Eroberer befreit wurde und die wahre Geschichte dieser Periode geschrieben wird, auch diese Aufzeichnungen von den schändlichen und beschämenden Taten der Herrschaft der Pakistanis in unserer historischen Region zeugen können. In der Hoffnung auf ein freies und ruhmreiches Afghanistan.

Zabul, 28. 8. 1380 [20. November 2001]

---

[2]ISI – Inter-Services Intelligence (Pakistanischer Geheimdienst).

Der Gutsherr Habibullah

Nachdem ich von Kabul nach Zarandsch gegangen war[3], beschloss ich, mich zum Zweck des Broterwerbs von der Feder zu verabschieden und gemeinsam mit einem meiner Freunde, der in der Zeit der Kommunisten auf einem hohen Posten diente, der einem Ministerium gleich war, den Weg von Ackerbau und Viehzucht einzuschlagen. Unsere Familien begrüßten diese Entscheidung. Im Herbst des Jahres 1371 [1992], als bis zum Beginn der Feldarbeiten noch etwas Zeit blieb, wollten wir uns an einen Grundbesitzer im Gebiet von Zarandsch wenden und ihn bitten, uns einen Flecken Ackerland zur Verfügung zu stellen. Nachdem wir uns an einige Maliks[4] gewandt und stets eine negative Antwort erhalten hatten, sagte einer unserer Freunde mit dem Namen Abdulbasir: „Ich werde euch dem Gutsherrn Habibullah Walidadzi (ein Unterstamm der Narui)[5] vorstellen. Damit er euch nicht abweist, werde ich mit euch zusammen zu diesem Herren gehen."

An einem Tag, als das Wetter klar war und sich die größte Hitze etwas gemildert hatte, gingen wir mit Abdulbasir, der mit dem Gutsherrn Habibullah verwandt war, in das Dorf der Walidadzi, das im Norden der Stadt Zarandsch liegt. Jemand von kleinem Wuchs, mit einem langen weißen Bart, weißen Haaren und einem großen weißen Turban auf dem Kopf öffnete die Hoftür und wir grüßten ihn sofort wie im Chor. Dann drückten wir ihm alle die Hand und wechselten ein paar Worte. Unser Freund stellte uns vor, denn dies war unsere erste Begegnung mit dem Gutsherrn.

---

[3] Abdurrahman Pahwal verließ Kabul unmittelbar nach der Machtübernahme durch die Mudschahedin im April 1992, um in seiner Heimatprovinz Nimroz Schutz zu finden.

[4] Malik – „Lokalfürst", „Großgrundbesitzer"; „Dorfältester". Eine detaillierte Darstellung der Sozialstruktur und der Agrarverhältnisse in der Provinz Nimroz bieten Erwin ORYWAL: *Die Balūč in Afghanisch-Sīstān: Wirtschaft und sozio-politische Organisation in Nīmrūz, SW-Afghanistan*, Berlin 1982, und Ġulām Rahmān AMĪRĪ: *Taswīrī az zindigānī-yi mardum-i balōč dar Nīmrōz wa Hilmand-i suflā qabl az inqilāb-i saur*, Kābul 1365 [1986]. Zu traditionellen Formen der Landnutzung und daraus entstehenden Abhängigkeiten, wie sie auch hier von Abdurrahman Pahwal beschrieben werden, siehe außerdem A. SĪSTĀNĪ: „Šēwa-yi bahrabardārī az zamīn dar Nīmrōz ba musāba-al-gōī az sulta-yi munāsibāt-i fiyūdālī dar Afġānistān qabl az inqilāb-i saur", *Āryānā*, Kābul 45 (1366 [1987]) 2, S. 77-115.

[5] Narui (gelegentlich auch: Nahrui) – wörtlich: „die im Flachland lebenden". Belutschischer Stamm jüngeren Ursprungs, der Personen verschiedener Herkunft und ehemals unterschiedlicher Stammeszugehörigkeit vereint. Seine Mitglieder leben vornehmlich in Iran und Afghanistan, aber auch in Pakistan sowie in Turkmenistan. Einige Narui erheben Anspruch auf eine arabische Abstammung. Die Untergruppe der Walidadzi, deren Mitglieder in Afghanistan und Iran anzutreffen sind, führen ihre Abstammung auf einen gewissen Walidad zurück, dessen Bruder Karim zum Ahnherren der Karimzi, eines anderen Unterstammes der Narui, wurde.

Der Gutsherr nickte lächelnd und sagte: „Es freut mich, euch zu sehen. Lasst uns etwas plaudern!" Da der Hadschi Sahib[6] für den Empfang von Gästen kein spezielles Gästehaus besaß, ging er mit uns zur Moschee des Dorfes. Wir setzten uns in den Schatten der Moscheemauer. Abdulbasir, der ein aufgeweckter Junge war, sagte zu dem lächelnden Hadschi Sahib: „Hadschi Sahib! Machen Sie bitte keine Umstände. Wir brauchen keinen Tee. Lassen Sie lieber eine Melone kommen!"

Abdulbasir wusste, dass der Hadschi Sahib in seinem Haus Melonen gehortet hatte, weil er diese manchmal als Heilmittel verwendet. So konnte der Gutsherr Abdulbasir diesen Wunsch nicht ausschlagen. Jemand brachte auf einem Tablett eine Melone und ein Messer und stellte alles vor Abdulbasir. Nachdem wir die Melone gegessen hatten, erklärte Abdulbasir dem Gutsherrn Habibullah, warum wir gekommen waren. Dieser sagte mit viel Güte und Barmherzigkeit: „Was ich an Ackerland habe, steht euch zur Verfügung. Wenn der Ackerbau beginnt und wenn in den Kanälen Wasser fließt, werde ich euch informieren. Jetzt lasst uns lieber gehen und das Land anschauen, das ich meine."

Diese Worte erfreuten alle. Gemeinsam gingen wir los und der Hadschi Sahib stellte uns ein Stück Land von ungefähr 30 Man[7] oder zehn Dscharib[8] zur Verfügung.

Es ist erwähnenswert, dass sich der Vater des Gutsherren Habibullah, welcher Mirza Muhammad Azim Chan hieß, zu seinen Lebzeiten im Gebiet des heutigen Zarandsch außerordentlicher Berühmtheit und eines großen Einflusses erfreute. Nach der Vertreibung von Ghazi Amanullah und dem Ende der darauf folgenden Herrschaft von Habibullah Kalakani[9] hatte er als Abgeordneter seines Gebietes an der Loya Dschirga von Nadir Chan teilgenommen, die im Jahre 1309 [1930] in Kabul stattfand.[10] Nadir

---

[6]Hadschi – Bezeichnung und ehrenwerte Anrede für jemanden, der die Wallfahrt nach Mekka (Hadsch) vollführt hat. Sahib – „Herr", höfliche Anrede gegenüber höhergestellten Personen, die entweder allein verwendet oder dem Namen beziehungsweise der Amtsbezeichnung nachgestellt wird.

[7]Man – Gewichtseinheit von regional unterschiedlicher Größe. Ein Kabuler Man entspricht acht Sir oder 565 kg. Der Brauch, Flächenmaße in Gewichtseinheiten anzugeben, basiert auf einer Berechnung, wonach eine bestimmte Menge Saatgut für eine bestimmte Ackerfläche aufgewendet wird. Die hier gemeinte Fläche entspricht damit einer Saatgutmenge von 16 905 kg.

[8]Dscharib – Flächenmaß von regional unterschiedlicher Größe. Im Durchschnitt entspricht ein Dscharib in Afghanistan einer Fläche von 1 952 m². Die hier gemeinte Fläche hat damit eine Größe von ca. 19,52 ha.

[9]Siehe hierzu die Anmerkung auf S. 1.

[10]Loya Dschirga – „Große Versammlung". Die Dschirga ist als Versammlung notabler Stammesmitglieder seit langen Zeiten in der Gesellschaftsstruktur der Paschtunen institutionalisiert, aber sie ist keine feste Institution. Eine Dschirga wird meistens spontan zu-

Chan, der Vater von Zahir Schah, hatte diese Loya Dschirga durchgeführt, damit die Ulama[11] und andere Geistliche seine Befehle erhören und die Exkommunikation von Ghazi Amanullah aus der Gemeinschaft der Gläubigen beschließen mögen sowie ihre Unterstützung für den Thron von Nadir Chan verkünden. Die Teilnehmer der Dschirga hatten die Wünsche von Nadir Chan damals umgesetzt und versicherten ihm am Ende ihrer Beratungen, dass die Bevölkerung von Afghanistan die Monarchie und die Diener des edlen Herrschergeschlechts zu jeder Zeit und unter allen noch so schwierigen oder unangenehmen Umständen unterstützen wird.

Wie auch immer, nach zwei Monaten war die Zeit der Aussaat gekommen. Gemeinsam mit meinem Ackerbaufreund, der jünger war als ich, der sich außerdem in Fragen des Ackerbaus gut auskannte und auch über den Zustand der Bewässerungskanäle und über das Klima dieser Region bestens Bescheid wusste, weil er an einem meteorologischen Institut studiert hatte, und der sich auch in Veterinärmedizin und Tierhaltung bewandert fühlte, gemeinsam mit ihm zog ich also los und wir bereiteten ein Stück Ackerland für die Bewässerung vor. Die Leute im Dorf wussten, woher wir kamen und was wir nun vorhatten. Hinter unserem Rücken sagten sie über uns: „Ackerbau ist doch keine leichte Sache, und da haben diese verwöhnten Städter aus Kabul plötzlich ihre Liebe zum Landleben entdeckt, ohne irgend eine Ahnung von dessen Problemen zu haben. Zum Glück werden sie auf halbem Weg aufgeben und wieder von hier weg gehen." Kurz gesagt, nicht nur unsere Feinde, sondern auch unsere Freunde verspotteten uns. Wir ließen das ganze Gerede unbeachtet und setzten unsere Arbeit fort, denn wir sagten uns:

---

sammengerufen, wenn es gilt, ein Problem unter Beteiligung aller Betroffenen zu klären. Der Kreis der betroffenen Personen bestimmt den Kreis der Teilnehmer einer Dschirga. Deshalb gibt es solche Versammlungen auf Dorf-, Klan- oder Stammesebene, doch dies bedeutet keine Hierarchie, denn es gibt keine unter- und übergeordneten Dschirgas. Ähnliche Versammlungen sind auch anderen Völkerschaften in Afghanistan bekannt, wo sie aber anderes bezeichnet werden können. Eine Loya Dschirga – „Große Versammlung" gilt dementsprechend als höchstes Beratungsorgan auf gesamtstaatlicher Ebene, um Fragen von nationaler Bedeutung zu besprechen, die so wichtig sind, dass sie nicht allein der Entscheidung des Königs, Präsidenten oder des Parlaments überlassen werden sollen. Für die Zusammensetzung ihrer Mitglieder existieren keine festen Regeln. Gewöhnlich nehmen neben Vertretern des Königshauses, der Regierung und der Geistlichkeit Abgesandte aus allen Teilen Afghanistans daran teil, die möglichst alle ethnischen Gruppen repräsentieren sollen.

[11]Ulama (Plural von Alim) – islamische Theologen und Rechtswissenschaftler.

گر نشد از سعی کار من تمام ـ من در آن معذور باشم و سلام

Wird meine Sache nichts, obwohl ich mich mühe,
dann sei es mir verziehen und basta!

Eines Tages, als der kalte Wind der ersten Wintertage die Menschen an den nahenden Winter erinnerte, brachte uns jemand eine Nachricht vom Gutsherrn. In dieser Nachricht informierte uns der Hadschi Sahib darüber, dass wir mit der Bewässerung an der Reihe seien, die vier Stunden dauern werde. Am folgenden Tag zogen wir los, um den Boden zu bewässern. Den ganzen Tag waren wir damit beschäftigt, und mit jedem Augenblick vergrößerte sich unsere Freude. Wir sagten uns: 'Gott sei Dank! Jetzt werden wir die Ausgaben unserer Familien mehrere Jahre mit der Ernte vom Ackerbau begleichen können.'

امّا مهمان نخورد آنچه به راه اندیشد

Doch ein Gast bekommt nicht das zu essen,
wovon er unterwegs träumt.

Mein Ackerbaufreund sagte: „Jetzt, wo der Ackerbau in Gang gekommen ist, sollten wir auch über Tierhaltung nachdenken, damit wir in der Sommerhitze von 50 Grad nicht auf Sauermilch und Joghurt verzichten müssen."

Er ging los, kaufte zwei schöne lebendige Marri-Ziegen[12], informierte mich von dieser Aktion und regte auch mich an, Ziegen zu kaufen. Ich lehnte ab, denn ich erinnerte mich, von weisen Leuten gehört zu haben:

غم نداری بز بخر

Wenn du keine Sorgen hast, kauf dir eine Ziege.

Eine weitere Woche verging. Der Boden war für das Pflügen vorbereitet. Wir gingen zum Gutsherrn, informierten ihn und baten darum, dass uns eine sachkundige Person beim Pflügen helfen möge, denn ohne die Genehmigung des Grundbesitzers darf ein Bauer nicht mit dem Pflügen beginnen.

---

[12]Ziegenrasse mit auffalland langen Ohren, deren Bezeichnung auf den Namen des ostbelutschischen Stammes der Marri zurückgeht.

Der Gutsherr Habibullah, der sich schon in frühen Jahren für Ackerbau interessierte, hatte in den ersten drei Jahren seiner Jugend einen alten Ferguson-Feldtraktor englischer Fabrikation[13] erworben und verdiente sich seitdem seinen Lebensunterhalt als Fahrer dieses Traktors. Diesen Traktor, auf dem er schon einige Jahrzehnte gesessen hatte, benutzte der Gutsherr immer noch.

Der Gutsherr sagte: „Ihr braucht euch nicht zu mühen. Ich werde das Pflügen selbst übernehmen und die Unkosten für die Bereitstellung des Traktors, so wie es Brauch ist, ebenfalls zur Erntezeit bei Euch in Rechnung stellen."

Mein Freund hatte inzwischen von einem Freund 30 Man [17 000 kg] Weizensaatgut erhalten und diesem versprochen, ihm am Jahresende 30 Man Weizen zurückzugeben.

Nachdem das Pflügen und die Aussaat erledigt waren, schauten wir regelmäßig nach dem Zustand des Ackers, kümmerten uns um rechtzeitige Bewässerung und Düngung. Nach anderthalb Monaten war die Zeit für die Bewässerung des Bodens gekommen. Der Gutsherr Habibullah gab uns Bescheid, dass wir am folgenden Tag von zehn Uhr abends an mit der Bewässerung an der Reihe seien und uns zur festgelegten Zeit bereit halten sollten.[14] Um zehn Uhr abends waren wir also mit dem Bewässern dran. In dieser finsteren Nacht nahmen wir mit Hilfe einer Öllampe die Bewäs-

---

[13] Englisches Traktorenmodell, das in Iran in Lizenz produziert wird.

[14] Voraussetzung für die Bewässerung sind umfangreiche Kanalreinigungsarbeiten zur Aufrechterhaltung und Instandhaltung des Bewässerungssystems, die jedes Jahr ungefähr ab Januar mehrere Monate lang in gemeinsamer Arbeit der Dorfbewohner durchgeführt werden. Mit ihrer Teilnahme an diesen als Haschar bekannten Arbeiten erwarben die Dörfer traditionsgemäß Wassernutzungsrechte, doch mit der vorwiegend privat finanzierten Installation von Dieselpumpen seit den 1970er Jahren gingen die Wassernutzungsrechte allmählich an die Besitzer der Pumpen über. Die Bewässerung der Ackerflächen erfolgt im Frühjahr, wenn der Hilmand große Mengen Wasser führt, das dann über provisorisch angelegte Dämme in die Irrigationskanäle abgeleitet wird. Wo verschiedene Ortschaften oder Einzelnutzer Wasser aus einem Stichkanal entnehmen, wird die Wassermenge, die jeder erhalten darf, in einer vermittelten Form durch eine Festlegung der Wasserentnahmedauer geregelt. Die Grundeinheit nennt sich *may* und umfasst eine Tageshälfte von Sonnenaufgang oder von Sonnenuntergang bis Sonnenaufgang. Kleinere Zeiteinheiten wurden früher danach bestimmt, wie lange das in eine spezielle Kupferschale gefüllte Wasser brauchte, um durch ein kleines Loch abzulaufen. Diese Einheiten werden deshalb auch heute noch als *tās*, das heißt „Schale", bezeichnet. Die Regelung der Bewässerungsfragen liegt in den Händen von speziellen Beamten – Mirab. Zu Technik und Organisation der Bewässerung in Sistan siehe neben den auf S. 3 genannten Arbeiten von E. ORYWAL, Ġ R. AMĪRĪ und A. SĪSTĀNĪ auch A. K. S. LAMBTON: *Landlord and Peasant in Persia. A Study of Land Tenure and Land Revenue Administration*, London 1966, S. 210-229, 244-246, 298, 333, und Mohammad Hassan ZIA-TAVANA: *Die Agrarlandschaft Irānisch-Sistāns*, Marburg 1983.

serung unseres Weizens in Angriff. Als die Hälfte dieser Winternacht vergangen war, überkam uns Müdigkeit und wir beschlossen, uns eine Weile
auszuruhen. Aus Erde bauten wir uns Kissen, und obwohl wir uns vor
Schlangen und Skorpionen fürchteten, schliefen wir schließlich ein. Am
Morgen, als es kalt wurde und ein Wind sich erhob, wachten wir auf. Unsere Bewässerungszeit war zu Ende gegangen und wir übergaben das Wasser an eine andere Person, die nach uns an der Reihe war. Wir freuten uns,
dass unser Boden bewässert war und kehrten bei Sonnenaufgang in unsere
Häuser zurück.

So vergingen die Tage, bis die Zeit der Mahd gekommen war. Wir kauf-
ten in der Stadt scharfe Sicheln und begannen, den Weizen zu mähen. Ungefähr zehn Tage waren wir damit beschäftigt. Dann sammelten wir die
Weizenhocken ein und breiteten sie auf einem Grundstück zum Dreschen
aus. Jeder, der uns aus der Ferne beobachtete, musste glauben, dass die
Besitzer dieses Weizens, also wir, mehrere Jahre kein Korn mehr kaufen
bräuchten. Auch unsere Freunde gratulierten uns zu dieser guten Ernte,
doch ich sagte mir:

درونش مارا سوخت و بیرونش عالم را

Innerlich hat es uns verbrannt und äußerlich die Welt.

Einige Tage später baten wir den Gutsherrn um Erlaubnis, das Korn dreschen und worfeln zu dürfen. An einem warmen Sommertag zogen wir
gemeinsam mit einigen anderen Personen, die sich bereit erklärt hatten
uns zu helfen, los und droschen das Getreide mit Hilfe eines Ackerbau-
traktors, der einem der Untergebenen des Gutsherren gehörte. Einer anderen Person, die sich im Ackerbau sehr gut auskannte, übertrugen wir
gegen ein Entgelt das Worfeln. Der Gutsherr Habibullah aber, der sich im
Umgang mit uns bis zu diesem Tag stets sehr kameradschaftlich gezeigt
hatte, änderte plötzlich sein Verhalten. Er ordnete an, den Boden zunächst
abzudecken, den Weizen dann über der Abdeckung zu worfeln und zur
Ernteaufteilung bereit zu halten. Wir machten alles so, wie der Gutsherr
befohlen hatte. Schließlich baten wir den Gutsherrn, persönlich zu kommen und vor Ort zu sagen, was wir noch tun sollten.

Der Gutsherr kam, wie wir gebeten hatten, und begutachtete alles aus
der Nähe. Dann sagte er: „Der Boden rings um die Tenne wurde nicht richtig sauber gemacht und überall liegen noch Weizenkörner herum. Der ganze Platz rings um die Tenne muss mit Händen gesäubert und aufbereitet
werden." Wir haben auch diese Anordnung des Gutsherren erfüllt, doch

er war immer noch nicht zufrieden. Er sagte: „Der Weizen ist mit Erde beschmutzt. Es ist besser, wenn ihr mir meinen Weizenanteil in Bargeld gebt." Obwohl diese Forderung des Gutsherren den landwirtschaftlichen Bräuchen in dieser Gegend widersprach, waren wir gezwungen, auch diese Anweisung zu erfüllen, um nicht seinen Zorn auf uns zu laden. Am folgenden Tag übergaben wir ihm seinen Ernteanteil in Bargeld. Dann forderte der Gutsherr auch noch die Entschädigung für die Bereitstellung seines Traktors in Bargeld. Wir haben ihm also alles gegeben, was er verlangte, und nach Abzug aller Ernteanteile und sonstigen Ausgaben blieben für jeden von uns noch 28 Kilo Weizen übrig.

Da war ich also nach mehr als zwanzig Jahren Schule und Wissenschaft angelangt. Schließlich sagte ich zu mir [auf Paschto]:

قلم ! خوار شی زه دی خوار کرم
کچکول په غاره کور په کور کوم سؤالونه

Stift: Wenn du [schon] arm wirst, [dann] möge ich dich arm machen.
Mit einer Bettelschale am Hals ziehe ich von Haus zu Haus.[15]

Die Wasserfrage in Zarandsch

In der Regierungszeit von Din Muhammad Dilawar[16], den die Menschen später Din Muhammad Dschanwar[17] nannten, war beschlossen worden, das Verwaltungszentrum der Provinz Nimroz von Kang an einen anderen Ort zu verlegen, der besser vor den periodischen Hochwassern des Hilmand geschützt wäre.[18] Allerdings wurde damals kaum eine Frage

---

[15]Lies: Wenn ich schon arm werde, dann will ich von meiner erlernten Tätigkeit, also der Wissenschaft, arm sein.

[16]Din Muhammad Dilawar – lokaler Bezirksvorsteher in den 1960er Jahren.

[17]Dschanwar – wörtlich: „Tier".

[18]Das heutige Zarandsch wurde 1970 als neues Provinzzentrum gegründet und trat in dieser Funktion die Nachfolge von Kang und Tschachansur an. Der Hilmand führt wie auch andere Flüsse in Südafghanistan nicht nur jahreszeitlich bedingt, sondern auch von Jahr zu Jahr höchst unterschiedliche Wassermengen. Die im Frühjahr einsetzenden periodischen Hochwasser bilden zwar seit Jahrhunderten die Grundlage der in Sistan betriebenen Bewässerungslandwirtschaft, können wegen ihrer Unberechenbarkeit aber auch zu einer ernsthaften Bedrohung für die in Flussnähe lebenden Menschen werden. Umgekehrt kann die unterschiedliche Wasserführung dieses Flusses – wie zuletzt von 1997 bis 2002 – auch mit jahrelangen Trockenperioden einhergehen.

berücksichtigt, die man bei der Errichtung einer solchen Stadt bedenken müsste. Nachdem einige Grundbesitzer mit großzügigen Geschenken bedacht wurden, konnte die Stadt Zarandsch an ihrer jetzigen Stelle gegründet werden. Waren die verschiedensten Bedürfnisse der Stadtbewohner schon damals kaum bedacht worden, so kamen in den folgenden Jahren, als auch das Provinzzentrum hierhin verlegt wurde, noch mehr Probleme hinzu.

Früher litten die Menschen in dieser Gegend stets unter akutem Wassermangel. Mehrere Jahrzehnte lang konnten sie diesen Mangel nur ertragen, weil sie sich immer wieder damit beruhigten, dass sie hier wenigstens von den periodischen Hochwassern des Hilmand verschont blieben.

In den Jahren der so genannten Kommunistenherrschaft wurde das Wasserproblem der Menschen in Zarandsch durch die Installation von Wasserpumpen an den Ufern des Hilmand gelöst. Zehn Jahre lang hatten die Menschen so viel Wasser, dass sie damit weit mehr als ihre grundlegenden Bedürfnisse stillen konnten. In Zarandsch begannen sogar Staatsbeamte, neben ihrer eigentlichen Tätigkeit Ackerbau zu betreiben.

Das Wasser floss rund um die Uhr in allen Winkeln und Ecken der Stadt. Mitunter strömte es so stark, dass das Kanalwasser die Wohnhäuser zu überschwemmen drohte und die Bewohner sich beschweren mussten. Um solche Überschwemmungen zu verhindern, sollten überall in der Stadt Entwässerungsanlagen errichtet werden, aber dieses Projekt wurde nie verwirklicht, denn die Herrschaft seiner Betreiber ging vorüber. Oder wie ein Dichter sagte:

ور بمردیم عذر ما بپذیر ـ ای بسا آرزو که خاک شده

Und wenn wir sterben, vergib uns!
Oh so viele Hoffnungen wurden begraben.

Mit dem Ende der Kommunisten[19] kamen auch die Wasserpumpen zum Stillstand. Wieder einmal begannen die Menschen in Zarandsch denselben Wassermangel zu erleiden, den sie schon aus vorkommunistischer Zeit kannten. In der neuen Zeit, also unter der Herrschaft der Mudschahedin, litten die Menschen in Nimroz nicht nur unter dem Wassermangel, sondern sie wurden auch in vielen anderen Bereichen ihres Lebens mit völlig neuen Problemen konfrontiert. Viele innere Angelegenheiten lagen nicht

---

[19]Das endgültige Ende ihrer Herrschaft wurde mit der Eroberung von Kabul durch verschiedene Mudschahedin-Verbände im April 1992 eingeleitet.

in der Macht der Mudschahedin, sondern sie hingen von deren Schutzherren innerhalb und außerhalb des Landes ab. Mehrere Jahre lang lebten die Menschen in Zarandsch von der Hoffnung auf bessere Tage. Die alten und erfahrenen Leute sagten damals immer wieder: *az bad badtar-aš tauba* – „Das ist schlimmer als schlimm. Welche Schande!"

Obwohl die meisten lokalen Staatsmänner damals aus Nimroz stammten, zogen sie ihrer persönlichen Vorteile wegen und zu ihrer eigenen Bereicherung in den Dschihad. Die im Islam überlieferten Regeln und Bedingungen des Dschihad waren ihnen aber unbekannt oder sie haben sie verdrängt, um ihre Taschen ungestört füllen zu können. Die Situation in der Stadt und die Lage ihrer Bewohner hatte sich damals nicht verbessert.

Bald änderten unsere Dschihad-Kämpfer die Richtlinie ihres Handelns und ließen sich von jener Krankheit der persönlichen, stammes-, rassen- und sprachmäßigen Unterschiede und Diskriminierungen anstecken, so dass alles andere und nicht zuletzt der Dienst an ihrer Heimat und am Islam in Vergessenheit gerieten. Sie haben in diesem Landstrich nichts hinterlassen, das die Historiker von heute oder morgen in einem Kapitel mit der Überschrift „Der Dschihad und die Herrschaft der Dschihad-Kämpfer" erwähnen könnten.

Schließlich ging auch die Zeit der Dschihad-Kämpfer zu Ende und eine andere politische Bewegung nahm ihren Platz ein. Zum ersten Mal erlebte Zarandsch die Herrschaft der so genannten islamischen Taliban, die durch den pakistanischen Geheimdienst ISI angeleitet wurden. Für die Menschen in Zarandsch und in der gesamten Provinz begann eine neue Periode voller Leiden, Kummer und Schmerz.

Die erste Eroberung von Nimroz durch die so genannte Islamische Bewegung der Taliban

Nachdem die Mudschahedin die Provinz Hilmand aufgegeben und verlassen hatten, wollten die Taliban auch die anderen Gebiete im Südwesten des Landes einnehmen. Sie drangen zunächst bis nach Dilaram vor und ließen dort ihre Fahnen wehen.[20] Schon damals hegten die Taliban den

---

[20]Dilaram wurde im Januar 1995 von den Taliban eingenommen. Die Stadt liegt im Südwesten der Provinz Farah am Oberlauf des Chaschrud und bildet gewissermaßen die Pforte nach Nimroz. Um in das Verwaltungszentrum Zarandsch im äußersten Westen der Provinz gelangen zu können, muss man die Ringstraße, die seit den 1930er Jahren um das zentralafghanische Hochland führt, bei Dilaram verlassen. In den 1970er Jahren wurde zwar eine 216 km lange Asphaltstraße von Dilaram nach Zarandsch errichtet, doch diese

Wunsch, auch die Provinz Nimroz oder, wie sie selbst sagten, das „Kuwait von Afghanistan"[21] zu erobern. Aber wegen der Unzugänglichkeit des Gebietes konnten sie dieses historische Land trotz der umfangreichen militärischen und technischen Hilfe ausländischer Herren nicht einfach in Besitz nehmen. Nachdem sie sich mit ihren Brüdern beraten hatten, gingen sie daran, dieses Ziel – zumindest dem äußeren Schein nach – auf dem Weg von Verhandlungen zu erreichen. In Wirklichkeit wandten sie jedoch jene Tricks an, die sie in den Medressen der Kolonisatoren gelernt haben.[22]

Die Mudschahedin-Regierung von Nimroz, die sich aus einfachen und treuherzigen Einheimischen zusammensetzte, war nicht bereit, in ihrer Region das vernichtende Feuer des Krieges zu entfachen, nur um den Wünschen der einen oder anderen Person gerecht zu werden. Deshalb beschlossen sie, eine Delegation von kompetenten Vertretern der Provinz solle in Dilaram mit den Taliban Verhandlungen aufnehmen. Die Taliban hatten nicht die Kraft für eine militärische Auseinandersetzung mit der Bevölkerung von Nimroz und fürchteten, im Falle eines Krieges könnte das Nachbarland Iran die Mudschahedin unterstützen. Deshalb akzeptierten sie den Beschluss der Mudschahedin und setzten sich mit den Vertretern der Mudschahedin-Regierung [von Nimroz] an den Verhandlungstisch. Am Ende der Verhandlungen wurde folgendes beschlossen:

Straße ist heute nur noch teilweise befahrbar, weil sie in großen Abschnitten entweder zerstört wurde oder unter Wüstensand begraben ist.

[21] Diese Formulierung ist eine Anspielung auf die Tatsache, dass Nimroz als Grenzprovinz über beachtliche Einnahmen aus dem zollfreien Handel und dem Schmuggel verfügt. Das Provinzzentrum Zarandsch ist zudem nur sieben Kilometer von der iranischen Grenze entfernt und daher zugleich der bedeutsamste Transitpunkt im Südwesten Afghanistans. Die Bezeichnung „Kuwait von Afghanistan", deren begeisterte Verwendung den Taliban in dieser Handschrift wiederholt zugeschrieben wird (siehe auch S. 22, 25, 44 und 81), um ihr wirtschaftlich dominiertes Interesse an der Provinz Nimroz zu unterstreichen, ist allerdings auch aus einheimischem Munde zu hören. Sie ist noch heute eine beliebte Metapher, um die wirtschaftliche Lage in der Provinz seit dem Ende der Taliban-Herrschaft zu beschreiben. Das in dieser Formulierung imaginierte Kuwait bezieht sich jedoch weniger auf das äußere Erscheinungsbild eines reichen Golfstaates mit moderner Glasarchitektur, prunkvollen Privatpalästen und noblen Weltklassehotels, das Europäer bei diesem Namen vor Augen haben mögen, sondern auf einen freizügigen und florierenden Handelsmarkt von überregionaler Bedeutung.

[22] Mit „Kolonisatoren" sind jene ausländischen Mächte gemeint, die als Drahtzieher der Taliban-Herrschaft gesehen werden und von Pakistan aus agiert haben sollen. Da die Gebiete Pakistans früher zum britischen Kolonialreich in Indien gehörten, wogegen Afghanistan nie einer direkten Kolonialherrschaft ausgesetzt war, wird der Ausdruck istiʿmārgar (Kolonisator, Kolonialherr) in einem übertragenen Sinn bis heute gern verwendet, um ausländische Mächte zu bezeichnen, deren Einfluss sich Pakistan nicht entziehen kann oder will. Siehe hierzu auch die Ausführungen auf S. 25.

- Bis die Lage in der Hauptstadt Kabul geklärt ist, wird die Provinz Nimroz von den Mudschahedin regiert. Im Falle eines Sieges der Taliban in Kabul wird die Provinz an die Taliban übergeben.

- Wenn die Taliban ausreichendes Vertrauen haben, dürfen sie einen Vertreter nach Nimroz entsenden, aber Mitgliedern der Islamischen Bewegung der Taliban ist es nicht gestattet, in der Stadt Zarandsch sowie in anderen Teilen der Provinz Nimroz Waffen zu tragen.

- Zur Befriedigung ihrer lebensnotwendigen Bedürfnisse (wie zum Beispiel zum Erwerb von Lebensmitteln) dürfen die Taliban die Basare der Bezirke von Nimroz und seiner Provinzhauptstadt nutzen.

Noch bevor dieser Vertrag zwischen den Mudschahedin und den Taliban in Dilaram unterzeichnet wurde, war eine bewaffnete Abordnung der Mudschahedin, die zuvor in Dilaram stationiert worden war, in das Provinzzentrum zurückgekehrt. Die Mudschahedin waren bis zum Schluss bemüht, nichts zu unternehmen, was dem Vertrag zuwider gelaufen wäre. Sie glaubten, dass eine solche Handlung den Anweisungen des Koran widersprochen hätte, in dem es heißt: „Bleibt euren Verträgen treu, denn die Vertragsbrüchigen müssen sich vor Gott verantworten."

Diese leichtgläubigen Menschen wussten aber nicht, dass sie es mit Personen zu tun hatten, die in pakistanischen Militärschulen ausgebildet worden waren, die in einer Hand den Koran und in der anderen Hand ein Schwert hielten, die vor dem Koran und seinen Lehren keinerlei Achtung empfanden, wenn es darum ging, die unglückseligen und schändlichen Wünsche ihrer Herren zu erfüllen.

Kurze Zeit später ließen die Taliban entgegen allen Abmachungen unter dem Schutz der Finsternis der Nacht einen ihrer bewaffneten Verbände nach Zarandsch eindringen. Obwohl die Regierung der Mudschahedin über eine ausreichende Stärke zum Widerstand verfügte, haben sie nichts unternommen. In einem heiligen Hadith[23] heißt es: „Wenn Muslime die Waffen gegeneinander erheben und einander töten wollen, dann kommen sowohl die Mörder wie auch die Ermordeten in die Hölle." Sie riefen den Menschen nur zu:

---

[23]Hadith (auch Hadis) – „Bericht", „Überlieferung". Die zweite Hauptquelle des Islam bilden neben dem Koran Berichte und Erzählungen verschiedener Gewährsleute über die Art und Weise, wie der Prophet Muhammad inmitten der Gemeinde lebte, wie er seine Pflichten als vorbildlicher Muslim erfüllte, die Gläubigen auf den Weg Gottes führte und die für ein glaubenskonformes Leben erforderlichen Regeln festlegte.

مکن به حرف نظامی گران پنجابی
ز چاکران قسم خوردهٔ شیاطین اند

Höre nicht auf die Worte der Pandschabi-Militärs.
Sie gehören zu den verschworenen Dienern des Teufels.

Die Mudschahedin von Nimroz verzichteten nicht nur auf Widerstand, sondern sie empfingen die Taliban wie ehrenwerte Gäste. Die Mudschahedin sagten sich: 'Wir haben vierzehn Jahre lang auf Gottes Weg und zur Erlangung von Gottes Zufriedenheit Dschihad geführt. Wenn wir jetzt den Kampf aufnehmen, handeln wir einerseits gegen eine Festigung der heiligen Religion des Islam und der mohammedanischen Scharia, und andererseits wird durch eine solche unkluge Handlung Tausenden unschuldiger Landsleute Schaden zugefügt. Deshalb werden wir uns nicht individueller Vorteile und persönlicher Wünsche wegen zum Gespött im Diesseits und im Jenseits machen.'[24]

Nach ihrem Einmarsch in Nimroz meldeten die Taliban ihren Kommandozentralen im In- und Ausland jedoch, sie hätten die Provinz Nimroz im Kampf eingenommen. Diese Meldung wurde auch im pakistanischen Rundfunk und Fernsehen verbreitet. Bald begannen alle möglichen Personen, die weder bei diesen Ereignissen dabei waren noch überhaupt einmal in Nimroz gewesen wären, diese Eroberung in ihren Kommentaren zu feiern. Sie sprachen von „Krieg", „Sieg", „Niederlage" – was es alles nicht gab –, vom „Heldenmut" und von der „Tapferkeit" der Taliban. In Wirklichkeit hatten die Mudschahedin ihren weiteren Verbleib in der Stadt Zarandsch für unangemessen angesehen und beschlossen, die Macht auf friedlichem Wege durch ihre Vertreter an die so genannte islamische Bewegung der Taliban zu übergeben.

---

[24]Die Situation an diesem Teil der afghanisch-iranischen Grenze besitzt einige Besonderheiten, die man zum besseren Verständnis der in dieser Handschrift geschilderten Ereignisse kennen muss. Die auf beiden Seiten der Grenze lebenden Belutschen unterhalten sehr enge Verbindungen miteinander und genießen als Angehörige der so genannten *qabāyil-i āzād*, „freien Stämme" einige Privilegien. Viele besitzen ein Transitpapier, das ein problemloses Passieren der Grenzübergangsstellen ermöglicht, wobei auch inoffizielle Grenzübertritte alltäglich sind. Auch grenzüberschreitende Eheschließungen sind keine Seltenheit. Die lokalen Mudschahedin-Verbände hatten somit die Möglichkeit, sich bei Bedarf relativ problemlos nach Iran zurückzuziehen und einer direkten militärischen Konfrontation mit den Taliban auszuweichen. Von manchen Personen – unter ihnen sollen auch hochrangige Vertreter der heutigen Provinzverwaltung von Nimroz sein – wird behauptet, dass sie sowohl eine afghanische wie auch eine iranische Staatsbürgerschaft besitzen, in einigen Fällen sogar doppelte Gehälter beziehen oder auf beiden Seiten der Grenze einen eigenen Hausstand führen.

Eines Tages machte Salih Muhammad alias Salik, der als öffentlicher Herold der Stadt Zarandsch mit der Kraft seiner Stimme schon seit vielen Jahren Eilmeldungen, Vermisstenanzeigen, Handelsnachrichten, gute und schlechte Neuigkeiten, Niederlagen und Siege ausrief, um sie den Stadtbewohnern bekannt zu geben, mit zitterndem Ton folgende Bekanntmachung:

„Die verehrten Stadtbewohner sollen wissen: Morgen um neun Uhr wird die Macht der Mudschahedin an die Islamische Bewegung der Taliban übergeben. Den verehrten Stadtbewohnern ist das Erscheinen zur öffentlichen Machtübergabe freigestellt."

Für manche war dies eine besorgniserregende, für andere eine frohe Nachricht. Am Morgen des nächsten Tages, als sich die wärmespendende Sonne hinter der weiten Wüste erhob, brachen die Menschen aus allen Winkeln und Ecken der Stadt und der umliegenden Dörfer in kleinen Gruppen zum Versammlungsort auf, der zuvor auf dem Platz gegenüber der Provinzverwaltung festgelegt worden war. Dort versammelten sie sich im Schatten der alten Stadtbäume, die in ihrem langen Leben schon Zeuge so vieler politischer Ereignisse, Auf- und Untergänge geworden waren. Einige Leute standen, andere saßen, alle warteten auf den Beginn der Versammlung. Auch einige Mudschahedin, welche die Stadt noch nicht verlassen hatten, waren nach alter Gewohnheit zu dieser Zusammenkunft erschienen und beobachteten das Geschehen.

Es war ein ruhiger und klarer Frühlingsmorgen. Die Menschen saßen auf ihren ausgebreiteten Umschlagtüchern im Schatten der Bäume. Manche hatten ihren Turban abgenommen, einige rauchten Zigaretten, andere nahmen Kautabak ein. Alle führten politische Gespräche und warteten geduldig auf den Beginn der Versammlung. Je näher die vereinbarte Zeit herankam, um so stärker schlugen die Herzen – die Herzen, deren Freude sich jeden Moment verstärkte, und die Herzen, die ihre letzten glücklichen Momente sahen. Besser wäre wohl zu sagen: Die Herzen der Sieger und die Herzen der Besiegten. Die trauernden und geschlagenen Herzen und die von innerer Siegesfreude erfüllten Herzen. Herzen, die neu auf die Tribüne traten und Herzen, die von der Tribüne Abschied nahmen. Herzen, die mit leeren Taschen und leeren Geldbeuteln zu ihren Wünschen gelangt waren, und Herzen, die leeren Taschen und leeren Geldbeuteln nun Ade sagten und folgende Weise vor sich hin summten:

ای عیش گذشته که دیگر باز نگردی

رفتی ز بر من نروی هیچ زیادم

Ach du vergangene Lebensfreude, die du nie zurückkehren wirst.
Du bist von mir gegangen, doch du gehst mir nie aus dem Sinn.

Auch der Blutdruck der Leute muss sehr unterschiedlich gewesen sein. Einige waren schwach und ohnmächtig, wie es bei niedrigem Blutdruck der Fall ist, andere konnten ihre Hände und Beine wie bei überhöhtem Blutdruck kaum mehr still halten. Ich, der ich selbst schon Zeuge der einen oder anderen politischen Veranstaltung gewesen war, sah plötzlich, wie von allen Seiten Menschenmassen zum zentralen Platz strömten. Gleichzeitig erschallten zum ersten Mal die paschtunischen Worte: *kxēney, kxēney wrūñō!* – „Setz euch, setzt euch, Brüder!", aber keiner wollte diese Worte befolgen. Die Leute wollten den neuen Wali[25] der Provinz aus der Nähe sehen, sie wollten hören, was er zu sagen hatte, und versuchten deshalb, so nah wie möglich an ihn heranzukommen. Kurze Zeit später waren neben den Worten *kxēney* – „Setzt euch!" auch die Peitschen und Knüppel der Taliban zu hören. Schließlich forderte einer der Mudschahedin mit Namen Maulawi Gul Muhammad, der eine Zeit lang im Namen der Mudschahedin-Regierung die Leitung des Obersten Gerichts innehatte und nun als Vertreter der Mudschahedin-Regierung die Macht an die Taliban übergeben sollte, die Menschen mit zitternder Stimme und tränenerfüllten Augen auf, Ruhe zu bewahren.

Die Leute kehrten zu ihren Plätzen zurück und schauten auf den neuen Wali. Der Wali war von hohem Wuchs und hatte einen schwarzen Turban auf dem Kopf. Er trug eine lange pakistanische Weste, schmutzige Kleider pakistanischen Schnittmusters und Schaftstiefel mit offenen Schnürsenkeln. Plötzlich gab einer der Angestellten der ehemaligen Regierung ein Zeichen, ein Jeep wurde gebracht und der Wali Sahib[26] stieg ein. Der neue Wali – er hieß Hamidullah Niyazmand und soll, wie man sagte, zum Stamm der Brahui[27] gehört haben – schaute verwundert auf die Anwesenden und es schien, als wisse er überhaupt nicht, wo er war. Der hohe

---

[25]Wali – Provinzgouverneur. Im weiteren Text wird der Provinzgouverneur auch als Hakim (wörtlich: „Herrscher") bezeichnet.

[26]Gemeint ist Karim Brahui, der unter der Herrschaft der Mudschahedin das Amt des Wali bekleidete und im Übrigen auch seit dem Ende der Taliban-Herrschaft wieder innehat. Zum Stamm der Brahui siehe auch die nächste Anmerkung.

[27]Damit kann Hamidullah Niyazmand, der erste Provinzgouverneur der Taliban, in Bezug auf seine ethnische Zugehörigkeit als Belutsche angesehen werden. Die Brahui besitzen zwar eine eigene Sprache, die unter sprachgenetischen Gesichtspunkten zur Gruppe

Wuchs, der lange und üppige Bart, der Turban und die Art, wie er sich auf den Stuhl setzte, erinnerten an den früheren König Schah Schudscha, der seinerzeit mit Hilfe der Engländer in Kabul an die Macht gekommen war.[28] Die Vorfahren von Niyazmand hatten früher einmal in der Provinz Nimroz gelebt, wo auch sein Vater, ein Geistlicher, in einigen Dörfern noch als Imam gedient hatte. Niyazmand galt außerdem als ein Vertrauter von Benazir Bhutto[29], der Tochter des ehemaligen pakistanischen Ministerpräsidenten Zulfiqar Ali Bhutto.[30] Der Wali konnte kein Persisch, obwohl Persisch in diesem Teil der Welt für die Muslime als Sprache des Glaubens und als überregionale Verkehrssprache fungierte. Außerdem war der Wali Sahib Analphabet. Wie auch die anderen Mitglieder der Bewegung konnte er nur seinen Namen schreiben. Das Datum schrieb er auf Englisch. Persisch musste jemand für ihn übersetzen.

Zur Eröffnung der Zeremonie ergriff Maulawi Gul Muhammad Sasuli das Wort. Er sprach einige Minuten über den vierzehn Jahre langen Dschihad, der während der Herrschaftszeit der Mudschahedin in Zarandsch und den anderen Teilen der Provinz Nimroz immer wieder Wohlstand und Sicherheit bedroht habe. Dann erwähnte er noch einen Wirtschaftsplan für die kommenden Jahre. Zum Schluss gratulierte er den Taliban zur Einnahme der Provinz Nimroz und bat den neuen Wali, auf der Veranstaltung zur feierlichen Machtübergabe ebenfalls das Wort zu ergreifen.

Wali Niyazmand, der sein ganzes bisheriges Leben in der einen oder anderen Einrichtung eines Geheimdienstes zugebracht und bis dahin wahrscheinlich noch nie an einer solchen Veranstaltung teilgenommen hatte, begann am ganzen Körper zu zittern. Nach einigen Minuten des Schweigens sprach er mit ungewöhnlicher Stimme [auf Paschto] die fol-

---

der drawidischen Sprachen gehört, sie beherrschen aber auch Belutschi, eine Sprache aus der iranischen Sprachfamilie, und gelten nach eigener Vorstellung wie auch in der Wahrnehmung ihrer Nachbarn als bedeutender belutschischer Stamm. In dem zu Pakistan gehörenden Berggebiet um Kalat verfügen die Brahui über ein kompaktes Siedlungsgebiet mit einer eigenständigen Herrschaftsstruktur. Brahui sind aber auch an fast allen anderen Orten anzutreffen, wo Belutschen leben, und natürlich auch in Afghanistan. Der Wali der Mudschahedin gehörte übrigens ebenfalls zum Stamm der Brahui (siehe die vorherige Anmerkung).

[28]Schah Schudscha regierte in Afghanistan zunächst von 1803-1809. Während des ersten Britisch-Afghanischen Krieges (1838-1842) wurde er von den britischen Invasoren im Jahre 1839 erneut inthronisiert und regierte ein zweites Mal bis 1842. Seitdem gilt er in dem von Afghanen geführten historischen Diskurs als Sinnbild eines Marionettenregenten im Auftrag fremder Herren.

[29]Benazir Bhutto (geboren 1953) – pakistanische Politikerin, Ministerpräsidentin von Pakistan (1988-1990 und 1993-1996).

[30]Zulfiqar Ali Chan Bhutto (1928-1979) – Staatspräsident und Ministerpräsident von Pakistan (1971-1977).

genden Worte: *le dē wrūsta per tāsō bāndī zulm na-kēǵi. ćey chpelō kārūnō-ta!*
– „Von nun an werdet Ihr keine Grausamkeiten mehr erfahren. Geht eurer
Arbeit nach!" So sprach er und verschwand.

Auf alle Fälle verbrachte Wali Niyazmand trotz seines Analphabeten-
tums und trotz seiner fehlenden Sprachkenntnisse mehrere Monate als Wali oder, wie er selbst zu sagen pflegte, als *guwirnir* – „Gouverneur" im Gebäude der Provinzverwaltung beziehungsweise im *guwirnirhāus* – „Haus
des Gouverneurs". In der Zeit der Herrschaft von Niyazmand wurden alle
Verwaltungsaufgaben durch einen Rat geregelt, dem einige Pakistanis aus
verschiedenen Gegenden Pakistans angehörten, die nach wie vor die ty-
pische Kleidung ihrer Herkunftsregionen trugen. Offizielle Verwaltungs-
sprache in der Provinz war Urdu, und wenn der oben genannte Rat in der
einen oder anderen Frage nicht weiter wusste, wurde über Nacht per Sa-
tellitentelefon eine entsprechende Anweisung aus Pakistan eingeholt.

Es soll nicht unerwähnt bleiben, dass Niyazmand mit Leben und
Brauchtum der hiesigen Stammesbevölkerung vertraut war und die Traditionen der Menschen zu achten wusste. Er hat den Menschen zwar kaum
einen Dienst erwiesen, aber er hat ihnen auch keinen Schaden zugefügt.
Deshalb haben ihn die Leute bis heute nicht vergessen und sprechen in
guten Worten über ihn.

Nach Niyazmand ging die Provinz in die Hände eines gewissen Mulla
Ghani. In der Art der Verwaltung und im Umgang mit der einheimischen
Bevölkerung knüpfte er an die Gepflogenheiten seines Vorgängers an, aber
leider war sein Leben in der Provinz sehr kurz oder wie ein Dichter sprach:

خوش درخشید ولی دولت مستعجل بود

Er hat schön geglänzt, aber es war eine kurze Herrschaft.

Der Staub hatte sich nach Ghani's Machtübernahme noch nicht wieder gelegt, als ein von drei Seiten geführter Angriff der Mudschahedin die Herrschaft der Taliban in Zarandsch beendete, weil diese keinen Widerstand
leisten konnten. Die Macht gelangte erneut in die Hände der Mudschahedin und das Lied *īnak sadā-yi pāy-i man bāz āmadam, bāz āmadam* – „Meine Füße stampfen, ich bin zurückgekehrt, ich bin zurückgekehrt" war in
Rundfunk und Fernsehen von Zarandsch zu hören. Nachdem die Taliban
diese Auseinandersetzung mit den Mudschahedin verloren hatten, zerstreuten sie sich zunächst in alle Winkel der Provinz, um dem eigenen Tod
zu entkommen und ihre Flucht vorzubereiten. Einige verließen die Stadt

zu Fuß, andere in Autos. Sie versteckten sich in der Wüste, im Wald oder im Schilfdickicht.

Die folgende Tat von Abdulchaliq, einem jungen und rebellischen Kommandeur aus den Reihen von Karim Brahui, des ehemaligen Wali von Nimroz, soll nicht unerwähnt bleiben: Während des Krieges der Mudschahedin gegen die Taliban stellte sich Abdulchaliq, der immer ohne Angst und Furcht und allein aus Überzeugung gegen die Feinde seiner Heimat gekämpft hatte, noch in den letzten Minuten vor dem Sieg der Mudschahedin über die Taliban direkt vor dem Gebäude der Provinzverwaltung mit seiner Waffe einem Vertreter der Taliban entgegen, wo er getötet wurde. Abdulchaliq Nimrozi war ein junger und mutiger Mann, der im Angesicht des Feindes auf dem Schlachtfeld nie Angst kannte, weil er aus Überzeugung kämpfte, um zum Schutz seiner Heimat vor den pakistanischen Trägern der Verderbnis Heldenmut zu zeigen. Er ließ die Erinnerung an die alten Helden von Sistan[31] wieder aufleben und sang immer folgende Weise:

یک سر خار وطن را به گلشن ندهم ـ سر دهم لیک وطن را به دشمن ندهم

Einen einzigen Dorn der Heimat
gebe ich nicht her für einen [ganzen] Blumengarten.
Und wenn es meinen Kopf kostet,
die Heimat gebe ich nicht an die Feinde ab.

Der Tod von Abdulchaliq versetzte nicht nur seine Freunde in Nimroz in Trauer und Schwermut, sondern auch die Regierung von Iran nahm an dieser Trauer Anteil. Zu seiner Beerdigung kam extra ein Vertreter der iranischen Regierung nach Nimroz, um der Familie und den anderen Hinterbliebenen von Abdulchaliq sowie der Regierung der Mudschahedin sein Beileid auszudrücken. Der iranische Abgesandte überreichte den Hinterbliebenen von Abdulchaliq auch einige Hilfsgüter, die er aus Iran mitgebracht hatte, und kehrte anschließend mit den anderen Mitgliedern seiner Delegation nach Iran zurück.

---

[31]Sistan gilt als Heimat vieler mythologischer Helden, die in der gesamten persischsprachigen Welt verehrt werden. Die Erinnerung an diese Helden wird nicht nur in Firdausis Heldenepos Schahnama bewahrt, sondern auch in lokalen Märchen und Legenden. Siehe hierzu A. L. GRJUNBERG, I. M. STEBLIN-KAMENSKIJ (sost. i komm.): *Skazki i legendy Sistana*, Moskva 1981.

Dies zeigt deutlich, in welchem Umfang die Bewohner Afghanistans in ihrem Bürgerkrieg und bei der Zerstörung ihres Landes unter dem Einfluss fremder Mächte standen und wie sich fremde Länder in die inneren Angelegenheiten Afghanistans einmischten.

Auf ihrer Flucht gelangten die Taliban in verschiedene Dörfer und Siedlungen. Einige konnten dort vor der Verfolgung durch die Mudschahedin Zuflucht finden und auf diese Weise ihrem Tod entgehen. Einige Taliban wurden von den Brüdern und Freunden des verstorbenen Abdulchaliq verfolgt. In der Nähe einer alten Kriegsfestung im Osten der Wüste Daku konnten sie festgenommen werden. Sie wurden an Ort und Stelle hingerichtet.

$\star$ $\star$ $\star$

Als kurze analytische Zusammenfassung kann man sagen, dass die erste Herrschaftsperiode der Taliban gegenüber der zweiten Periode ihrer Herrschaft, von der später die Rede sein soll, einige deutliche Unterschiede aufwies. In der ersten Herrschaftsperiode wurde die Eigenart der Menschen geachtet und es gab keine Angriffe auf ihre Sitten und Bräuche. Man kann sagen, dass die Taliban die Besonderheiten der Menschen in dieser Region entweder kannten oder dass sie wenigstens von Anfang an eine gewisse Zurückhaltung übten. Die Reihen der Taliban setzten sich in der ersten Periode ihrer Herrschaft aus jungen Männern zusammen, die aus der alten Provinz Ghazna oder aus den Provinzen der Nordgebiete stammten. Die meisten von ihnen waren Büchern und Wissenschaften gegenüber durchaus aufgeschlossen. Sie lasen gern und zu ihrer Zeit hatte die öffentliche Bibliothek der Provinz Nimroz täglich auch viele Leser aus den Kreisen der Taliban. Es schien, als seien sie wirklich *tālibān-i ᶜilm*, also „Studenten der Wissenschaft", und keine *tālibān-i tufang*, nämlich „Studenten des Gewehrs". Die islamischen Wissenschaften waren an ihnen nicht spurlos vorbei gegangen, und in ihrem Handeln achteten sie, soweit es sie betraf und soweit es ihre Kompetenz gestattete, die reine Lehre der heiligen Religion des Islam und der strahlenden mohammedanischen Scharia. Sie sahen sich selbst als Hüter [der islamischen Ordnung] und nicht als Staatsmänner. Deshalb konnte die Ermordung einiger Taliban durch die Brüder von Abdulchaliq die tiefe Trauer der Menschen von Nimroz nicht mindern. Im Gegenteil: Die Menschen missbilligten diese Tat und sagten, dass die Mörder gegen die geschätzten Sitten und Bräuche dieser an Helden und Heldensagen so reichen Region verstoßen hätten.

Die Früchte dieser Tat, die man als einen Sieg der Gefühle über die Vernunft ansehen muss, sollten die wehrlosen Menschen von Nimroz, die weder Zorn noch Furcht kennen, bald zu spüren bekommen, als sie in der zweiten Herrschaftsperiode der Taliban zu Unrecht den Schmähungen der neuen Herrscher ausgesetzt waren, wovon im Folgenden zu berichten sein wird.

Die zweite Eroberung von Nimroz durch die so genannte Islamische Bewegung der Taliban

Die Regierung der Mudschahedin hat in der zweiten Periode ihrer Herrschaft, die allerdings nur einige Monate dauerte, denselben Weg verfolgt wie zuvor. Kaum eine Erwartung der Menschen wurde erfüllt. In diese Periode ihrer Herrschaft fiel der Untergang der Mudschahedin-Regierung von Herat[32], und ohne auch nur zu versuchen, einen erneuten Einmarsch der Taliban in die Provinz aufzuhalten, ergriffen die Angehörigen der Mudschahedin-Regierung von Nimroz die Flucht und zogen sich über die Landesgrenzen nach Iran zurück.

Vor der [zweiten] Eroberung der Provinz Nimroz führte der Oberste Rat der Taliban in Kandahar unter der Leitung von Mulla Umar[33] eigens

---

[32]Herat wurde am 5. September 1995 durch die Taliban eingenommen, nachdem der vormalige Mudschahedin-Gouverneur Ismail Chan mit seinen Kommandeuren und mehreren Hundert Anhängern nach Iran geflohen war.

[33]Mulla Umar alias Mulla Achundzada wurde 1962 in der Provinz Uruzgan geboren und gehört zum paschtunischen Stamm der Nurzi (siehe auch S. 60). Über den kontaktscheuen Anführer der Taliban sind nur wenige zuverlässige Informationen verfügbar. Im Alter von vier Jahren soll er seinen Vater verloren haben, worauf sich seine Mutter von ihrem Schwager heiraten ließ. Bis 1980 studierte er an verschiedenen Medressen in Quetta und anderen Orten Pakistans. In den 1980er Jahren kämpfte er als Mudschahed gegen die sowjetische Okkupation, u. a. als stellvertretender Kommandeur der *Harakat-i inqilāb-i islāmī* – „Bewegung der Islamischen Revolution". Dabei verlor er ein Auge und erlitt eine schwere Beinverletzung. Vor allem die Augenverletzung wurde später zu einem regelmäßig wiederkehrenden Topos der Berichte über Mulla Umar im In- und Ausland (siehe hierzu auch die Ausführungen auf S. 60 sowie ab S. 89). Nach dem sowjetischen Truppenabzug zog er sich zurück, um an einer Medresse zu lehren, wo er offensichtlich auch zum späteren Anführer der Taliban-Bewegung wurde. Als die Taliban 1996 in Kandahar die Macht übernahmen, soll er sich der Überlieferung nach in einen Umhang gehüllt haben, der als Mantel des Propheten Muhammad (*chirqa-i mubārak*) verehrt und als wertvolle Reliquie im Grabmal von Ahmad Schah Durrani in Kandahar aufbewahrt wird. In diesem Mantel, heißt es weiter, sei er auf eines der Dächer im Zentrum der Stadt gestiegen und habe sich vor mehr als 1 000 Religionslehrern zum *Amīr al-mu'minīn* (wörtl.: „Oberhaupt der Gläubigen") ausrufen lassen. Seit der Ausrufung des Islamischen Emirats Afghanis-

eine Sitzung durch, um alle diesbezüglichen Fragen zu erörtern und den Kommandeuren entsprechende Anweisungen zu erteilen. Auch auf dieser Sitzung waren die Emotionen stärker als die Vernunft und aus allen Ecken war der Ruf Allahu akbar – „Gott ist der Größte!" zu hören. Als auf dieser Sitzung des Obersten Rates die Nimroz-Frage behandelt und zur Diskussion gestellt wurde, wurde auch eine zuvor vorbereitete Resolution verlesen, in der es hieß:

- Die Menschen von Nimroz haben den Islam aufgegeben und sich in den Kreis des Schiitentums begeben.[34] Unwissenheit hat sich bei ihnen breitgemacht. Deshalb muss diese Provinz zuallererst aufs Ernsthafteste durch das Licht des Islam erleuchtet werden. Anschließend sind Maßnahmen zur Verbreitung des islamischen Glaubens auf der anderen Seite der Grenze zu ergreifen, wo falsche Scheichs die Macht ergriffen haben und gegen den Islam agieren.

- Die Kommandeure werden bevollmächtigt, alle Menschen in Nimroz, gleich, ob Mann oder Frau, zu töten und ihr Eigentum in Beschlag zu nehmen, um anschließend deren Töchter mit Gewalt zu ehelichen und dieses Gebiet auf diese Weise von den Feinden des Islam und von jenen Heiden, die mit offizieller Unterstützung von der anderen Seite der Grenze gegen uns kämpfen, zu reinigen.

Äußerlich mögen dieser Beschluss und diese Fatwa als Rachemaßnahme für die Ermordung einiger Taliban im Kampf mit den Mudschahedin erscheinen, aber in Wirklichkeit ging es um etwas anderes. So wie Indien den englischen Kolonialherren seinerzeit als „Goldenes Kalb"[35] erschien und wie die Engländer Indien eroberten, um in den Besitz seiner Reichtümer zu gelangen, so haben auch die Taliban unter der Anleitung Pakistans versucht, Nimroz, das ihnen wegen seiner geographischen Lage und wegen des regen Handels als ein „Kuwait" erschien, so schnell wie möglich zu erobern.

---

tan im November 1997 war zwar Mulla Rabbani (auch: Hadschi Maula, geboren ca. 1955, gestorben am 16. April 2001) formaler Regierungschef des Landes, doch als Vorsitzender der so genannten Schura, des Obersten Rates der Taliban, besaß Mulla Umar *de facto* die letzte Entscheidungsgewalt. Unter dem Eindruck der amerikanischen Angriffe auf Afghanistan im Oktober und November 2001 soll Mulla Umar am 8. Dezember 2001 aus Kandahar geflohen sein und sich seitdem an einem geheimen Ort aufhalten.

[34]Dieses Vorurteil – die Bewohner von Nimroz sind in Wirklichkeit mehrheitlich Sunniten – ist eine Anspielung auf den starken iranischen Einfluss in dieser Grenzregion. Siehe hierzu auch die Ausführungen weiter unten im Text auf S. 33.

[35]Wörtlich: *murġ-i tilāyī* – „Goldenes Huhn".

Auf der Grundlage dieses Beschlusses und gemäß den Anweisungen der pakistanischen Militärs haben die Taliban nach ihrer erneuten Eroberung von Nimroz keine Zurückhaltung mehr gezeigt, wenn es darum ging, wehrlose Menschen zu peinigen und zu unterjochen. Als ihre ärgsten Feinde sahen die Taliban in Nimroz die Belutschen an, nach ihnen aber auch alle anderen Bewohner der Provinz.

Die tiefe Feindschaft gegenüber den Belutschen hatte die pakistanische Ministerpräsidentin Benazir-Dschan von ihrem Vater geerbt. Benazir Bhutto war einmal die Geliebte eines jungen belutschischen Unternehmers, den sie sogar heiraten wollte. Die despotische Haltung ihres Vaters Zulfiqar Ali Bhutto hat diese Ehe aber verhindert. Als Benazir-Dschan schließlich selbst an die Macht kam und Ministerpräsidentin wurde, befahl sie den Schergen des ISI, die auch die Befehlsgewahlt über die Armee und die Befugnis zu einem Einmarsch in Afghanistan besaßen, mit aller Härte gegen die Belutschen vorzugehen, die dem Traum von Freiheit und der Gründung eines Staates mit der Bezeichnung Belutschistan nachhingen.[36]

Auch in Afghanistan wurde diese Linie verfolgt, als die Söldner der pakistanischen Kolonialherren[37] und Militärs mit Hilfe und unter Anleitung irregeleiteter einheimischer Elemente alle lebenden und toten Seelen dieses Landes entrechteten. Diese Unterdrückung und dieser Sturm von Grausamkeiten und Misshandlungen waren nicht nur auf die Stadtbewohner beschränkt, sondern sie haben über kurz oder lang alle Menschen in Stadt und Land erfasst. Beispiele hierfür kennen die Menschen zur Genüge.

In der zweiten Periode ihrer Herrschaft haben die Taliban nicht nur die politische Macht erobert, sondern sie haben darüber hinaus auch alle legalen und illegalen Maßnahmen ergriffen, um Geld und Reichtum zu erlangen. Die Führung und die Mitglieder der Taliban haben den Drogenhandel in die Wege geleitet, in allen Ecken und Winkeln der Provinz haben sie Vieh gestohlen und über Zwischenhändler nach Iran verkauft.

Einmal haben einige dieser Diebe in der Provinz Hilmand Vieh geraubt und zum Verkauf nach Zarandsch gebracht. Dort weideten sie die Tiere auf einem Acker im Norden der Stadt, als seien sie bei sich zu Hause. Der Besitzer des Grundstücks ging zu einem von ihnen und sagte: „Mein Bruder,

---

[36]Die pakistanische Provinz Baluchistan wurde seit dem Ende der 1960er Jahre wiederholt von politischen Unruhen erfasst, die von nationalistischen und kommunistischen Ideologien, aber auch von separatistischen Stammesinteressen getragen waren. Verschiedene Regierungen Pakistans sahen sich deshalb zu – teilweise äußerst gnadenlosen – militärischen Eingriffen gezwungen. Siehe hierzu Selig S. HARRISON: *In Afghanistan's Shadow. Baloch Nationalism and Soviet Temptations*, New York/Washington 1981.

[37]Siehe hierzu die Anmkerung zum Stichwort „Kolonisatoren" auf S. 12.

das ist ein Weizenfeld. Hier gibt es kein Gras. Warum hast du dein Vieh hierher getrieben?" Als die Viehdiebe, die alle wie Taliban gekleidet und außerdem bewaffnet waren, dies hörten, riefen sie: „Ihr Leute von Nimroz werdet nie Moslems werden!" und schlugen auf den armen Bauern ein. Der Bauer musste unter den Schlägen so laut schreien, dass einige Passanten herbeieilten und fragten: „Mulla Sahib! Was ist los? Was ist passiert, dass Sie diesen armen Kerl schlagen?" Die Viehdiebe entgegneten ihnen auf Paschto: *dā bēnāmūsa balōc dey aw balōcān ṫōl šiᶜiyagān dī* – „Das ist ein ehrloser Belutsche und die Belutschen sind alle Schiiten."

Die Passanten kannten den Bauern und sagten: „Mulla Sahib! Dieser arme Kerl ist gar kein Belutsche", worauf die anderen entgegneten: *ka balōc na-wī nīmrōzī dey* – „Wenn er kein Belutsche ist, dann ist er trotzdem ein Nimrozi [ein Bewohner von Nimroz]".

Nach langem Betteln und Flehen gelang es den Passanten schließlich, den armen Bauern vor weiteren Schlägen dieser Nichtmuslime zu retten. Die Viehdiebe wirkten erheitert, und ihren Gesichtern war der Stolz über ihre Tat deutlich anzusehen. Sie ließen ihr Vieh weiterhin auf dem Feld des armen Bauern weiden und vernichteten so die gesamte Ernte eines mühevollen Jahres.

⋆   ⋆   ⋆

Als die Taliban zum zweiten Mal die Provinz Nimroz eroberten, brachten sie viele Verwandte mit nach Nimroz. Gewaltsam eigneten sie sich das Ackerland rings um die Provinzhauptstadt an, das eigentlich den Einheimischen gehörte, und begannen Ackerbau zu treiben. Innerhalb kürzester Zeit zwangen sie die Einheimischen, ihre Häuser und Grundstücke zu verlassen. Den anderen Grundbesitzern, die noch in der Umgebung von Zarandsch geblieben waren, sperrten sie das Wasser ab, um sie ebenfalls zum Verlassen ihrer Grundstücke zu zwingen. Die Menschen von Nimroz hatten nicht mehr die Kraft, diesen Mördern und Tyrannen zu widerstehen. Viele verließen das Land ihrer Vorfahren und flüchteten nach Iran. Die ersten bewaffneten Taliban, die nach der Flucht der Mudschahedin in Zarandsch ankamen, riefen die Leute zusammen, und nachdem einer von ihnen einen Segnungsvers aus dem Koran rezitiert hatte, gab er folgendes bekannt:

> „Wir sind hier hergekommen, um die heilige Religion des Islam zu verbreiten. Wir möchten hier in diesem Gebiet der Ungläubigen die Religion des Islam und eine islamische Herrschaft etablieren. Mit dem Licht des Islam möchten wir Unglaube und

Vielgötterei in jedem Winkel dieses Landesteils ausrotten. Und jenen Ungläubigen, die sich als Muslime ausgeben und von jenseits der Grenze agieren, sagen wir, dass sie ihre Hoffnungen begraben können. Zum ersten Mal lassen wir hier das Banner des Islam wehen, und wir werden es bis zu unserem letzten Atemzug verteidigen."

Den Vertretern der pakistanischen Militärregierung, die mehrheitlich Agenten des pakistanischen Geheimdienstes ISI waren, genügte es, einen Bart und einen schwarzen Turban zu tragen, denn dies waren für sie die einzigen Symbole islamischen Glaubens. Alle anderen Anweisungen des Islam waren für sie bedeutungslos und von der islamischen Lehre hatten sie keine Ahnung. Gemäß den Anweisungen der pakistanischen Militärs, von denen einige auch zur Taliban-Regierung von Nimroz gehörten, begannen sie gleich am ersten Tag nach ihrer Ankunft in Zarandsch, die friedliebenden Menschen von Nimroz zu unterjochen, zu schlagen, zu entehren und zu entrechten. Jeder dieser kulturlosen Pandschabi-Gauner war gekommen, um den Menschen ihr Hab und Gut zu rauben. Unter den verschiedensten Vorwänden drangen sie in die Häuser der Menschen ein, und einige Tage lang waren Häuser und Läden den Plünderungen der so genannten Diener des Islam ausgesetzt. Autos wurden beschlagnahmt, damit diese kulturlosen Räuber all ihr Diebesgut, Teppiche, Geschirr, Bargeld und vieles andere wegbringen konnten. Und jeden Tag erklärten sie den Menschen in Nimroz, dass sie ob der erwiesenen Barmherzigkeit und Güte dankbar sein müssten, denn gemäß dem Beschluss des Obersten Rates von Kandahar hätten sie eigentlich die Aufgabe gehabt, die Menschen dieses Landesteils gefangenzunehmen und die Männer über die Klinge springen zu lassen. Die Bewohner von Nimroz waren wegen der Machenschaften dieser pakistanischen Söldner, die überhaupt nichts mit der Scharia, geschweige denn mit Menschlichkeit und Barmherzigkeit zu tun hatten, sprachlos. Ohne sich wehren zu können, ließen sie all diese Ungerechtigkeiten geschehen und schauten einfach nur zu, denn sie hatten keinen Glauben oder Erlöser außer Gott. Unter dem Vorwand, die Bevölkerung entwaffnen zu wollen, raubten die pakistanischen Söldner die Häuser der Menschen aus. Auch die Staatskasse blieb nicht verschont. Wie hungrige Wölfe zogen sie umher und fielen über die Menschen her.

All das zog sich über Monate hin, und immer mehr Paläste in Pandschab und Lahor wurden mit dem Besitz und mit dem Vermögen der Bewohner von Nimroz ausgebaut und verschönert. Für diese englischen Sklaven[38] war Nimroz so wertvoll wie Kuwait, und immer wieder sagten sie

---

[38]Die Tatsache, dass Afghanistan nie einer direkten europäischen Kolonialherrschaft

zueinander: *dā kuwayt dey* – „Das ist Kuwait", und „Ihr müsst dem Leben
der Einheimischen hier so schnell wie möglich ein Ende bereiten."

Mit Hilfe und Unterstützung ihrer Kommandeure, die allesamt Mitglieder des pakistanischen Geheimdienstes ISI waren, haben die angeblichen Mulla-Schüler alle militärischen Gerätschaften wie Kanonen, Panzer,
Schützenpanzerwagen, funktionstüchtige und funktionsuntüchtige Autos
aus dem staatlichen Fuhrpark eingesammelt und in LKW-Karawanen zu
pakistanischen Eisenschmelzen bringen lassen. Sie haben sogar die unterirdischen Stromkabel herausgerissen und nach Pakistan geschickt. Als in
der Stadt nichts mehr zu holen war, kamen sie auf die Idee, den Einheimischen jegliche wirtschaftliche Tätigkeit zu untersagen und diese ihren
Verwandten zu übertragen. Heute kann man das mit eigenen Augen sehen. In keiner Ecke der Provinz Nimroz gibt es noch einen Einheimischen,
der die Erlaubnis hätte, ein Geschäft zu betreiben. Alle wurden über kurz
oder lang gezwungen, ihre Heimat zu verlassen.

Allmählich verwandelte sich Zarandsch in eine Stadt der Pakistanis.
Heute ist Zarandsch ein riesiger, von Pakistanis betriebener Drogenumschlagplatz und ein Markt für Gebrauchtwaren aus dem arabischen Raum.
Ungeachtet des internationalen Drucks, den Drogenhandel zu unterbinden, nimmt der Drogenumsatz mit jedem Tag zu. Heute gibt es allein in
Zarandsch mehr als zweihundert Läden, in denen pakistanische Händler
Drogen verkaufen, die sie in Dutzenden großer Lagerräume in der Umgebung der Stadt aufbewahren. Die gesamte Provinzverwaltung ist in diesen
illegalen Handel involviert. Ohne die direkte Beteiligung des Wali, seines
Stellvertreters, des Sicherheitskommandeurs und anderer Führungspersonen kann kein Geschäft abgeschlossen werden.

Was ich im Büro des Wali gesehen und erlebt habe

Einmal musste ich gemeinsam mit einem Freund in das Gebäude der Provinzverwaltung gehen oder, wie die Pakistanis sagten, in das *guwirnirhāus*
– „Haus des Gouverneurs". Rings um das Gebäude herum und auch in
seinem Inneren saßen Männer mit Maschinengewehren, die sich allem
Anschein nach nicht einmal gegenseitig vertrauen würden. Ihre Gesich-

---

ausgesetzt war, prägt das Selbstbewusstsein seiner Bewohner in einem besonders hohen
Maße. Der Ausdruck „englische Sklaven" ist deshalb als Anspielung auf die Tatsache
zu sehen, dass die Gebiete Pakistans lange Zeit zum britischen Kolonialreich in Indien
gehörten. Wer einmal zu schwach war, sich einer Fremdherrschaft zu widersetzen, so
wird suggeriert, bleibt immer ein Diener fremder Herren, denn er hat sich nicht stark
genug gezeigt, fremden Absichten widerstehen zu können.

ter begannen erst zu strahlen, wenn sie Menschen peinigen und sich an deren Eigentum vergreifen konnten. Gewöhnliche Umgangsformen waren jedem von ihnen wie übrigens auch im Zimmer des Wali selbst unbekannt. Das Büro des Wali sah aus wie ein Spielkasino, in dem sich eine Gruppe von Glücksspielern, Mördern und Räubern versammelt hatte und wo jeder tat, was ihm gerade gefiel. Respekt und Achtung gegenüber Vorgesetzten waren hier unbekannt, obwohl der Wali selbst keine einzige Frage regeln konnte, ohne sich mit seinen Vorgesetzten zu beraten. Wenn jemand ein Anliegen hatte und überhaupt bis zur Tür des Wali vordringen konnte, wurde er von den dort stehenden Waffenträgern mit Fragen überschüttet. Jeder, der weder Urdu noch Paschto sprach, musste einen persönlichen Dolmetscher bei sich haben. Andernfalls hätte er sich nie Gehör verschaffen und sein Anliegen nicht zur Sprache bringen können. Und man hätte auf keinen Fall das Büro des Wali betreten dürfen. Zwar sprachen einige der Männer in der Provinzverwaltung auch Persisch, aber es war ihnen strengstens untersagt, mit den Einheimischen Persisch zu reden. Wer weder Paschto noch Urdu verstand und sich trotzdem in die Provinzverwaltung wagte, wurde ausgelacht und verspottet.

Im Zimmer des Wali und im Warteraum saßen bewaffnete Männer und vertrieben sich die Zeit mit Karten- oder Glücksspielen und mit Haschischrauchen. Eine andere Lieblingsbeschäftigung dieser Waffenträger waren Ringkämpfe. Der Wali hatte nicht den Mut, ihnen all dies zu untersagen. Und wenn er es doch einmal wagte und sie endlich aufforderte, Ruhe und Ordnung zu bewahren, rief ihm sofort einer entgegen: *ća de mōr dē kūs, yau tālib ta yē, yau ze* – „Geh doch zur Vagina deiner Mutter! Du bist ein Talib und ich bin einer."

Die Wächter besaßen überhaupt keine Umgangsformen.

Mein Freund hatte ein Bittschreiben dabei und wollte in das Zimmer des Wali gelangen, um mit ihm zu sprechen. Als wir an der Zimmertür des Wali ankamen, wurde er gefragt: „Was willst du?" Er sagte „Ich möchte den Wali Sahib sprechen." „Der Wali ist nicht da", hieß es. Dann sahen wir plötzlich, wie ein Freund dieses Talib kam und diesen auf Paschto fragte: *ce ġwārī* – „Was will er?" Ich sagte zu ihm: „Mulla Sahib, wir möchten den Wali sprechen und ihm unser Anliegen vortragen." Als Antwort sagte der zweite Talib: *ća bābā, wālī halta ġul kawī au diqqat na-larī* – „Verschwinde, Alter! Der Wali ist scheißen und hat keine Zeit."

Als wir eine solche Antwort zu hören bekamen, konnten wir beide uns nur noch wundern und verließen das Wartezimmer. Wie wir aus dem Wartezimmer traten, sahen wir den Wali, der gerade von der Toilette kam und noch eine Hand in der Hose hatte, um sich sein Geschlechtsteil trocken zu schütteln. Er schaute uns an und rief: *ce ġwāṛey?* – „Was wollt ihr?" –

„Wir haben ein Bittgesuch, Sahib." – „Seht ihr nicht, dass ich keine Hand frei habe. Jetzt ist keine Zeit für Bittgesuche. Ihr unwissenden Leute hier in Nimroz lasst uns nicht einmal in Ruhe scheißen. Wenn ihr nicht gleich verschwindet, rufe ich einen Talib herbei, damit er euch einen Holzknüppel in den Arsch schiebt."

Diese Wortsalven gingen noch eine Weile weiter. Wir zitterten am ganzen Körper und sahen zu, dass wir so schnell wie möglich davon kamen.

Die Verbrennung der Bayhaqi-Bibliothek

Eine der schändlichsten und unehrenhaftesten Taten, die die Taliban in der zweiten Periode ihrer Herrschaft vollbracht haben, war die Verbrennung der Bayhaqi-Bibliothek in der Provinz Nimroz.

Diese Bibliothek zählte eimal 20.000 Bücher, von denen die meisten in den offiziellen Sprachen Afghanistans geschrieben waren. Es gab Bücher aus den verschiedensten Wissensbereichen wie Geschichte, Sozialwissenschaften, Geographie, Philosophie oder Theologie. Einzig und allein aus dem Grund, dass viele dieser Werke in der Zeit der Kommunisten gedruckt worden waren, haben die kulturfeindlichen Pakistanis und ihre Helfershelfer diese Fundstätte des Wissens zu Asche gemacht. Weil die pakistanischen Agenten und ihre Diener beim ISI weder Kultur noch Bildung besaßen, verachteten sie alle kulturellen und wissenschaftlichen Leistungen, die in der vorangegangenen Epoche zum Wohle der kulturliebenden Menschen Afghanistans erbracht worden waren. Von Anfang an und mit allen Mitteln versuchten sie, kulturelle und wissenschaftliche Schätze überall in unserem Land zu verbrennen.

Es lässt sich kaum leugnen, dass die Herrschaftszeit der so genannten Kommunisten für das Presse- und Druckwesen eine strahlende Periode darstellte. Damals wurden Hunderte Bücher und Abhandlungen in den verschiedensten Wissensgebieten verfasst oder aus Fremdsprachen übersetzt und zu Druck gebracht.

Jeden Tag erschienen neue Werke, die in acht Sprachen unseres Landes, in Paschto, Dari, Usbekisch, Turkmenisch, Belutschi, Paschai und Nuristani veröffentlicht wurden. Um das kulturelle Leben der verschiedenen Völkerschaften in unserem Land zu fördern, wurden in den Forschungseinrichtungen spezielle Abteilungen gegründet, die sich mit der Erforschung von Sprache und Kultur dieser Völker befassten. Auch Wirtschafts- und sozialwissenschaftliche Einrichtungen stellten Untersuchungen über die verschiedenen Völkerschaften an. Die Massenmedien strahlten Programme in ihren Sprachen aus. Jede Völkerschaft hatte das Presse- und Publikationswesen in ihrer Sprache in den eigenen Händen.

Kurz gesagt, in dieser Zeit wurde das Presse- und Druckwesen kontinuierlich weiterentwickelt. Jeden Tag konnten mehr Menschen von dem jungen Publikationswesen profitieren und begannen, sich mit Wissenschaft zu beschäftigen.

Eine dieser kulturellen Einrichtungen, die es damals tatsächlich verstand, ihre Aufgaben in bester Weise zu erfüllen, war das Verlagshaus Bayhaqi. Die wissenschaftliche Tätigkeit dieses Verlagshauses war nicht nur auf Kabul, die Hauptstadt unseres Landes, beschränkt, sondern sie hat auch auf alle Provinzen ausgestrahlt. In jeder Kreisstadt wurden Buchläden eröffnet, in denen die Erzeugnisse dieses Verlagshauses vertrieben wurden. In den 29 Provinzen des Landes wurden insgesamt 29 Bayhaqi-Bibliotheken gegründet, um den Wissensdurst der Bevölkerung zu stillen. Und mit jedem Tag kamen mehr Leser in diese wissenschaftlichen Bibliotheken.

Eine dieser Bayhaqi-Bibliotheken befand sich in Zarandsch, der Provinzhauptstadt von Nimroz, wo mehr als 20 000 Bücher für die Leser bereit standen. Eben diese Bibliothek wurde auf Anweisung des Wali von Nimroz, Scher Malang, der aus mir unbekannten Gründen eine alte Feindschaft gegen die Menschen in Nimroz hegte, durch eine Gruppe bewaffneter Taliban, die nördlich und südlich der Stadt stationiert waren, eingenommen und niedergebrannt.

Als sich der Rauch des Feuers in die Lüfte erhob, feuerten die bewaffneten Männer nach altem Freudenbrauch Gewehrsalven ab. Sie ahnten nicht, dass sie mit ihren Gewehrsalven alle Stadtbewohner auf sich aufmerksam machten. Bald verbreitete sich überall in der Stadt die Nachricht, dass die Taliban Freudenschüsse abfeuerten, um die Zerstörung der Bayhaqi-Bibliothek zu feiern.

So wurde eine Schatzkammer des Wissens zerstört, die unter schwierigsten Bedingungen – damals herrschte Krieg – geschaffen worden war.

Auch wenn die Taliban diese Tat für ihre Herren und Gönner vollbrachten, so bleibt die Tatsache, dass die Menschen in Nimroz heute keine vergleichbare Schatzkammer des Wissens mehr besitzen und eine große historische Schmach erfahren mussten. Jeder wird die Taliban dafür bis an Ende seiner Tage verfluchen. Auf die Menschen in Nimroz hat diese schändliche Tat einen ewigen Eindruck hinterlassen, der niemals verblassen wird, denn:

شود آباد این ویرانی ها لیک ـ کجا یابیم فرهنگی که گم شد

Diese Ruinen werden wieder aufgebaut,
aber wo finden wir die Kultur wieder, die verloren gegangen ist?

Die einheimischen Helfer der Taliban

Mit dem Machtantritt der Taliban waren verschiedene dubiose Elemente zur eigenen Besitzstandwahrung bereit, sich mit den neuen Machthabern auf diverse Deals einzulassen. Hartnäckig versuchten sie, Zugang zur Regierung der Taliban zu erlangen.

Es waren dieselben Leute, die zur Zeit der Kommunistenherrschaft an weltlichen Schulen des Kommunismus als Lehrer unterrichtet hatten und damals so taten, als hätten sie ihr ganzes bisheriges Leben einzig und allein dem Kampf um die Befreiung der unterdrückten Menschen gewidmet. In Wirklichkeit ging es ihnen nur darum, sich möglichst viele neue Privilegien zu verschaffen oder vorhandene Privilegien nicht zu verlieren. Zu diesem Zweck stürzten sie aufrichtige Landsleute ins Unglück, brachten sie mit verlogenen Berichten ins Gefängnis oder lieferten sie dem Galgen aus. Unerfahrene Kommunisten und ihre betrogenen Diener haben die Intrigen dieser teuflischen Vaterlandsverräter geschluckt und damit ihr eigenes Grab geschaufelt.

Beim Machtantritt der Mudschahedin zogen diese Leute wiederum einen Schafpelz über und gaben sich nun als ewige Sympathisanten des Islam, als Kämpfer auf dem Weg der göttlichen Wahrheit und als wahre Diener aller Moslems aus. Mit Spitzeldiensten oder durch ein geschicktes Spiel mit Stammes-, Religions- und Sprachunterschieden konnten sie ihre unheildrohenden Begierden auch in dieser Zeit erfüllen, so gut es eben ging.

Da die Taliban in Regierungs- und Verwaltungsfragen kaum Erfahrung besaßen, konnten diese Leute auch nach dem neuen Machtwechsel bald wieder die Schlüsselpositionen in der Provinz besetzen. Wiederum ließen sie keine legalen und illegalen Mittel ungenutzt, um sich und ihren Verwandten die angestammten Privilegien zu sichern. Das ging so lange gut, wie ihre unheilvollen Gesichter nicht erkannt und sie selbst nicht entblößt wurden.

Von solchen Leuten gab es in der Provinz Nimroz sehr viele, und Yahya Farahi aus dem Stamm der Baragzi[39] ist nur ein Beispiel für unzählbar viele.

Als die Taliban die Macht übernahmen, glaubten die Menschen, dass nun – so Gott will – jeder Frevel unterbunden werde und es niemandem mehr erlaubt sei, sich auch nur einen Schritt vom festgelegten Weg des Islam und der mohammedanischen Scharia zu entfernen. In der ersten Zeit haben die Taliban diese Hoffnung sogar in einem gewissen Maße erfüllt. Raub und Diebstahl wurden unterbunden. Einige Verwaltungsangestellte und namhafte Räuber wurden nach der mohammedanischen Scharia ihrer rechtmäßigen Strafe zugeführt. Schließlich vergaßen die Menschen ihre früheren Sorgen wegen der fehlenden Sicherheit und der Raubüberfälle in der Region und begannen, in ihren Häusern ein ruhiges und sicheres Leben zu führen.

Doch hinter den Kulissen wirkten andere Kräfte. Jene Personen, die auch in der Vergangenheit nur nach den Wünschen der jeweiligen Herrscher agiert hatten, um persönlichen Vorteil zu erlangen, konnten letztlich auch die Taliban täuschen. Mit verschiedenen Tricks drangen sie erneut in die Verwaltung ein, wo sie wichtige Ämter und sensible Posten besetzen konnten.

Diese berühmt-berüchtigten Personen hatten früher mit ihrer vermeintlichen Islamfeindlichkeit gedient oder unter einem anderen Vorwand um die Privilegien der jeweiligen Herrscher gebuhlt. Diesmal nutzten sie die Unkenntnis der Taliban und konnten sogar in Bereiche vordringen, von denen sie gar keine Ahnung hatten. Das ging so weit, dass sie auch die schmutzige Politik der stammesmäßigen Säuberung zu verwirklichen halfen und den Menschen großes Leid zufügten. So konnten sie monatliche Gehälter einstreichen, die das Einkommen eines gewöhnlichen Mannes um das Mehrfache überstiegen, und zugleich ihre schmutzigen Ziele verwirklichen.

Die Taliban waren ahnungslos, was die Vergangenheit dieser Leute anbelangte. Dabei hatten viele Verbrechen gegen den Islam und die Scharia begangen und waren in der ganzen Provinz für ihre illegalen Machenschaften bekannt. Da die Taliban von alldem nichts wussten, verwöhnten

---

[39]Barakzi (auch Baragzi wie hier im Text, ebenso: …zay) – paschtunischer Stamm, der zum Zirak-Zweig der Durrani gehört und seit dem Machtantritt von Amir Dost Muhammad Chan im Jahre 1826 die afghanischen Könige stellte. In ihren traditionellen Siedlungsgebieten, die sich vom Süden der Provinz Kandahar in nordwestlicher Ausdehnung in einem weiten Bogen bis nach Herat erstrecken, besitzen sie vor allem in den fruchtbaren Oasen des Hilmand große Ländereien.

sie diese Personen, umschmeichelten sie und setzten sie als Kadi oder Verwaltungsberater ein.

Der oben erwähnte Yahya Farahi aus dem Stamm der Baragzi war ein Mann mit üppigem Bart, der von seinem Äußeren her so wirkte, als hätte er weit mehr als nur die sechzig Jahre seines bisherigen Lebens ausschließlich dem Islam und der Scharia gedient. Eigentlich war er Polizist und mit viel List war es ihm sogar gelungen, ein Zeugnis der Polizeiakademie in Kabul zu erwerben. Neben diesem Berufsabschluss hatte er aber in mehreren Kabuler Spielkasinos auch noch ein Ehrendiplom in der Disziplin Glücksspiel erworben.

Wie ein Lehrer der Polizeiakademie erzählte, kannten die Lehrer dieser Akademie kaum einen ruhigen Tag, als Yahya Farahi dort studierte, weil er alle Regeln und Vorschriften dieser Schule missachtete. Obwohl er fast nie anwesend war, konnte er die Schule irgendwie abschließen und übte anschließend verschiedene Ämter und Funktionen in den Provinzen Farah und Nimroz aus. In Farah wurde er mehrmals wegen Glücksspiels festgenommen, und bei den entsprechenden Behörden existieren zahlreiche Dossiers über ihn. Er verspielte sein ganzes Vermögen. Als er überhaupt nichts mehr besaß, verspielte er auch noch seine Tochter und sein Haus. Als er in Farah keine Perspektive mehr für sich sah, verließ er diese Provinz und kam nach Nimroz. Hier wurde ihm bald die Leitung der Sicherheitsabteilung anvertraut, aber seine wichtigste Tätigkeit blieb das Glücksspiel.

In der Herrschaftszeit der Kommunisten zählte er zu den kommunistischen Hardlinern. Er hatte keinen Freund, der nicht auch Kommunist gewesen wäre, und zeigte keinerlei Interesse für religiöse Dinge. Im Bürgerkrieg kämpfte er auf der Seite der Kommunisten gegen die Mudschahedin. Noch heute steht im Norden von Zarandsch ein Panzer, der im Kampf gegen die Mudschahedin zerstört wurde und als *tānk-i Yahyā* – „Yahya-Panzer" bekannt ist.

Als die Taliban kamen, verlor er wie alle anderen verlogenen Kommunisten zunächst alle seine Ämter und vertrieb sich die Zeit wieder mit seiner Hauptbeschäftigung, dem Glücksspiel.

Eines Nachts brachen einige Taliban auf, um in Tscharburdschak eine Gruppe von Mudschahedin zu zerschlagen. Der Sohn von Yahya, dem es bereits gelungen war, sich der Tabliban-Bewegung anzunähern, wusste davon und informierte die Glücksspielergruppe seines Vaters von dieser nächtlichen Aktion. Er selbst fuhr gemeinsam mit den Taliban nach Tscharburdschak, um an der Kriegsbeute teilhaben zu können. Unterwegs geriet ihr Fahrzeug auf eine Mine. Bei der Explosion kamen der Sohn von Yahya und einige Taliban ums Leben. Yahya wusste den Tod seines Sohnes geschickt zu nutzen. Der damalige Wali ließ sich durch Yahyas Gejammer täuschen und ernannte ihn zum Berater und Verwaltungsleiter der Provinzverwaltung. Als erste Amtshandlung verlieh sich Yahya selbst den Rang eines Generals und zeigte sich zum Zorn der Leute nur noch in Generaluniform, wenn er in der Öffentlichkeit erschien. Als nächstes verriet er einige seiner Glücksspielgefährten an die Talibanregierung und sorgte dafür, dass sie ihrer Ämter enthoben wurden. So wurde er selbst zum Hauptberater des Wali für islamische Rechtssprechung, Kriminalitätsbekämpfung, Politik und alles, was er sonst noch wollte. Das verstärkte den Zorn der Menschen gegen die Taliban noch mehr. Die Distanz zwischen Regierung und Bevölkerung wurde mit jedem Tag größer.

Weil die Verantwortlichen ihn nicht gründlich genug überwachten, konnte Yahya Farahi auch für die Geheimdienste der Nachbarländer arbeiten. Als die rivalisierenden Dienste eines Nachbarlandes den lokalen Rundfunk, die Presse und den Wali von Nimroz davon informieren wollten, konnte dieser Diener fremder Herren die Genehmigung zur Veröffentlichung dieser Nachricht noch einmal verhindern, ohne sich mit dem Provinzrat konsultieren zu müssen.

Doch irgendwann kam der Tag, an dem Yahya die Behörden nicht mehr täuschen konnte. Der Wali entließ ihn von all seinen Ämtern und Yahya wandte sich wieder seiner Hauptbeschäftigung zu.

Die besondere Feindseligkeit der Taliban gegenüber der Bevölkerung von Nimroz

In der zweiten Periode der Talibanherrschaft in Nimroz ist vor allem die Art und Weise, in der die Walis die Provinz regierten und verwalteten, eine nähere Betrachtung wert. Wie bereits erwähnt wurde, zeigten die Taliban gegenüber der Bevölkerung dieses Landesteils eine besondere Feindseligkeit. Soweit bekannt ist, lassen sich die Gründe für diese Haltung wie folgt beschreiben:

- Die Gruppe mit der Bezeichnung Taliban war sehr ungebildet. Sie besaßen kaum Kenntnisse über die Bevölkerung von Afghanistan und schon gar nicht über die Bevölkerung von Nimroz. In ihrem Verhalten hielten sie sich strikt an das, was ihnen in den Medressen der pakistanischen Militärs gelehrt worden war. Wegen der räumlichen Nähe zum Nachbarland Iran glaubten sie, die Menschen in Nimroz seien ebenfalls Schiiten. Deshalb war es nach den unislamischen Regeln

Pakistans rechtens, gegen die Bevölkerung dieser Provinz Dschihad zu führen.

- Aufgrund ihrer geographischen Lage hatte die Provinz Nimroz außerdem eine besondere Bedeutung für den Handel. Deshalb sollte auf die dort lebenden Menschen kontinuierlicher Druck ausgeübt werden, um sie zum Verlassen ihrer Häuser und ihrer Heimat zu zwingen.

- Es wurde versucht, anstelle der einheimischen Stämme paschtunische Stämme und dabei vor allem paschtunische Stämme von der anderen Seite der Grenze, also aus Pakistan, sowie Pandschabis nach Nimroz zu bringen und auf diese Weise jene Gefahren zu bannen, die in dieser Provinz gesehen wurden. Dementsprechend wurden nach einem früheren Beschluss 25 000 Familien in die Grenzgebiete bei Tscharburdschak, Chabgah bis hin nach Zarandsch angesiedelt, um ihnen nach und nach die gesamte wirtschaftliche Tätigkeit und alle anderen gewinnbringenden Aktivitäten zu übertragen. So kommt es, dass die Paschtunen, die heute in der Umgebung von Zarandsch leben, behaupten, aus anderen Gegenden in Afghanistan zu stammen. Ihr wirkliches Herkunftsgebiet ist aber unklar. Dieser langfristige Umsiedlungsplan der pakistanischen Militärs wurde aber nie zu Ende geführt, denn den Taliban war es nicht gelungen, die ins Auge gefassten Gebiete voll und ganz in Besitz zu nehmen. Die Händler und Handwerker von Nimroz leisteten trotz des starken Drucks, der durch die pakistanischen Söldner auf sie ausgeübt wurde, starken Widerstand und waren nicht bereit, ihre Häuser zu verlassen. Andererseits wurde zur Verwirklichung dieses Plans versucht, das Grundeigentum der Bevölkerung von Nimroz durch individuelle Kaufverträge zu erwerben. Die zentrale Führung der Taliban, die sich aus Pakistanis zusammensetzte, hatte für die Durchsetzung ihrer grausamen Pläne, die in den Medressen der despotischen Räuber ausgearbeitet worden waren, die kaltblütigsten, erbarmungslosesten und kulturlosesten Personen aus allen Ecken Pakistans ausgewählt und mit der Verwaltung der Provinz Nimroz beauftragt. Der erste „himmlische Herrscher", der damals nach Nimroz entsandt wurde, war Scher Malang Wali.

Wenn man es genau betrachtet, besteht der Name dieses Wali aus zwei Wörtern, die eine sich widersprechende Bedeutung besitzen: *scher* – „Löwe", „Tiger" bezeichnet ein wildes Raubtier und damit auch das Wesen von Scher Malang. Was den zweiten Teil seines Namens, *malang* – „Wanderderwisch", anbelangt, so hatte Scher Malang aber auch gar nichts mit einem solchen gemein.

Es wäre viel treffender gewesen, ihm den ähnlich klingenden Namen Scher Palang zu verleihen, damit wäre er auch seinem Namen nach ein *palang*, das heißt „Panther", „Leopard", der sich nur als *malang*, also „Wanderderwisch", ausgibt. Mit einem Herz aus Stein, mit seiner Lust am Töten und seiner fehlenden Bildung war dieser Erbe Tamerlans wie eine himmlische Strafe als Wali von Nimroz auf die Bevölkerung dieser Provinz herabgeschickt worden.

Scher Palang (Malang) war ein Mensch von mittlerem Wuchs und hagerer Gestalt. Er hatte gewöhnlich einen Holzstock bei sich, mit dem er die Leute schlug. Kaltherzig verfolgte er die Politik der stammesmäßigen Säuberung und galt als ein Räuber von Eigentum und Besitz.

Eigentlich ruft die heilige Religion des Islam ihre Anhänger zu Brüderlichkeit, Liebe, Hilfsbereitschaft, zu guten Taten und Handlungen auf. In einem heiligen Hadith heißt es: „Ein Moslem ist derjenige, welcher den Muslimen Friede und Sicherheit beschert."

مسلم آنکس بود به قول رسول ـ گر چه عامی بود و اگر عالم
که به هر جای بود مسلمانی ـ باشد از فعل و قول او سالم

Ein Muslim ist nach den Worten des Propheten derjenige,
gleich ob er ein gewöhnlicher Mensch ist oder ein Gelehrter,
von dessen Worten und Taten der islamische Glaube,
wo auch immer Friede erfährt.

Ein wirklicher Muslim ist also derjenige, der anderen in keiner Situation, also weder dann, wenn er Macht und Stärke besitzt, noch dann, wenn er machtlos ist, Qualen zufügt, der nichts unternimmt, was seine muslimischen Brüder kränken oder verstimmen könnte. Gerade jene, die in einer muslimischen Gesellschaft das Amt eines Hüters oder Beschützers wahrnehmen, müssen die Untertanen mit Güte behandeln und in einer sanften Sprache voller Liebe und Zuneigung zu ihnen sprechen, damit all ihre Taten und all ihre Worte den Menschen eine Schule für das Leben seien. Hässliche Worte sollen sie vermeiden, denn:

ناسزا و سخت گفتن نیست کار عاقلان ـ از برای نرم گفتن شد زبان بی استخوان

Kluge Menschen reden weder unanständig noch derb.
Für die sanfte Rede ward die Zunge knochenlos.

Doch was für ein Jammer ist ein Hüter und Beschützer, der das Wesen eines Raubtiers und die Eigenschaften eines Wolfes besitzt und keine Gnade kennt. Was für ein Jammer ist jemand, der die Befehle solcher Wölfe in Menschengestalt befolgt. Respekt vor den Älteren und Liebe gegenüber Kindern gehört zu den gepriesenen Richtlinien der heiligen Religion des Islam. Der Prophet hat gesagt: „Jedem, der in seiner Frömmigkeit ein weißes Haar bekommt, wird dieses weiße Haar am Jüngsten Tag leuchten." Alter und weißes Haar sind also ein Zeichen von Glück. Gott hat gesagt: „Ich schäme mich, Weißbärte zu peinigen." Und in einem Hadith heißt es zur Würde der Alten wiederholt: *al-kabīr al-kabīr* – „Die großen, die großen!"

وَيا جدا رحمت مويسفيد پيران را ـ چو آفتاب به تعظيم صبحدم برخيز

Und gesondert sei die Barmherzigkeit gegenüber den weißbärtigen Alten.
Erhebe dich wie die Sonne zur Anbetung des Morgens.[40]

In jedem Fall zählen Respekt gegenüber alten Menschen und Achtung vor ihrer Stellung in der heiligen Religion des Islam zu den lobenswerten und guten Taten. So wie auch die Ältesten und die Weißbärte aus der Sippe des Propheten des Islam große Ehre genossen, hat der Prophet alle anderen aufgerufen, die Weißbärte in ihren Sippen zu achten. Und seine Zeitgefährten hat er immer wieder ermahnt, Ehre und Achtung gegenüber den Weißbärten zu bewahren. Er sagte zu ihnen: „Immer wenn eine ehrenwerte Person Eurer Sippe zu Euch kommt, dann liebt und achtet sie!"

Wenn wir nun aus dem Blickwinkel der Lehre des Islam das unmenschliche und unislamische Verhalten von Scher Malang gegenüber Alten, Weißbärten und Stammesältesten betrachten, so hat er jeden, der mit irgend einem Anliegen in die Provinzverwaltung kam, gleich ob es ein alter Mann war, ein Kind, ein Jugendlicher, eine Frau oder ein Mann, noch bevor er diesem gestattete, sein Gesuch darzulegen, ohne auch nur die geringsten Anstandsregeln der Redekultur zu beachten, mit Flüchen und obszönen Reden, mit unangebrachten und unsinnigen Worten belegt.[41]

---

[40]Das weiße Morgenlicht steht zugleich als Metapher für das weiße Haar ehrwürdiger alter Männer.

[41]Vgl. hierzu das Kapitel „Was ich im Büro des Wali gesehen und erlebt habe" auf S. 26 ff.

Scher Malang und die Achtung vor menschlichem Edelsinn

Das Verhalten von Scher Malang und seinen Kampfgefährten unter den Leitern und Mitgliedern der Islamischen Bewegung der Taliban in Nimroz schürte nicht nur den Hass der Menschen in Nimroz und bewirkte, dass die Leute ihnen auswichen, sondern es veränderte auch die Anschauungen vieler Menschen über den Islam. Da fallen einem die Worte von Sana'i[42], jenem großmütigen Dichter aus Ghazni ein, der da sagte:

مسلمانان مسلمان، مسلمانی مسلمانی ـ از این آئین بی دینان پشیمانی پشمانی

Muslime, Muslime, Islam, Islam!
Welche Enttäuschung bereiten diese Zeremonien der Ungläubigen!

Die heilige Religion des Islam, welche die letzte und vollkommenste aller Religionen ist, kennt eine grenzenlose Ehrfurcht gegenüber der Achtung vor menschlichem Edelsinn und hat diese zu einer ihrer wichtigsten und ehrenwertesten Grundlagen erhoben, damit der Mensch ohne Rücksicht auf Farbe, Rasse, Sippe, Stamm oder andere Merkmale in Brüderlichkeit und Gleichheit [mit anderen Menschen] leben kann, damit er seine Persönlichkeit zu entfalten, sich selbst und andere zu erfreuen vermag.

Der Prophet achtete vor allem die Ehre und das Ansehen anderer Menschen. Sein ganzes gesegnetes Leben lang konnte niemand seine Umgangsformen übertreffen. Arabern und Nichtarabern gegenüber verhielt er sich stets in gleicher Weise. Er respektierte und achtete die Rechte seiner Nachbarn selbst dann in höchstem Maße, wenn sie keine Muslime waren. Gefangene behandelte er so gut, dass sogar seine Gegner und Feinde wegen dieses Verhaltens zu Anhängern des letzten Propheten wurden und die Religion des Islam annahmen.

Diese wegweisende Eigenschaft ist eine leuchtende Fackel, und sie war allen Propheten der Menschheit eigen, die nach Tugend und Redlichkeit im Diesseits und im Jenseits strebten. Die Gelehrten des Islam haben in religiösen Fragen drei Arten von Edelsinn anerkannt:

1. angeborenen Edelsinn;

---

[42] Abu-l-Madschd Madschdud Sana'i (geboren Mitte des 11. Jahrhunderts in Balch oder Ghazni, gestorben 1130/1131 in Ghazni) – Literat und Philosoph, der als erster großer Dichter der persischsprachigen Mystik (*tasawwuf*) in die Literaturgeschichte einging.

2. Edelsinn durch Überzeugung und Glaube;

3. Edelsinn der Tat.

Der angeborene und natürliche Edelsinn ist allen menschlichen Individuen eigen. Er ist von allgemeiner, andauernder und beständiger Natur, so wie der Schöpfer der Welt sagt: „Wir lieben die Menschen, haben sie über Festland und Wasser getragen, ihnen ihr reines täglich Brot gegeben und gegenüber vielen anderen Geschöpfen den Vorzug gegeben." Dieser Edelsinn befiehlt, dass alle Individuen der menschlichen Gesellschaft so, wie sie in Gleichheit und Freiheit geschaffen wurden, in Freiheit, Gleichheit und in Brüderlichkeit leben müssen, dass ihr Leben, ihr Eigentum, ihre Ehre und ihre Würde vor jedem Angriff zu schützen sind. Die Achtung vor dem Edelsinn eines Menschen hält so lange an, wie ein Mensch diesen nicht selbst aus den Händen gibt und den Edelsinn oder die Persönlichkeit eines anderen nicht angreift.

Der Edelsinn durch Glaube und Überzeugung ist jenen eigen, die an Gott und die anderen Lehren der Religion glauben und ihnen ergeben sind, so wie Gott sagt: „Achtung und Edelsinn Gottes sind den Propheten und den Gläubigen eigen."

Nach den Worten Gottes wird dieser Edelsinn jenen geschenkt, die Glaube und Überzeugung besitzen. Wer über einen solchen Edelsinn verfügt, nimmt eine solche Stellung ein, wie ihm angemessen ist. Solchen Leuten gebührt der höchste menschliche Rang und ihnen wird gegenüber allen anderen Geschöpfen ein solcher Vorzug gegeben, dass ihr Name in einer Reihe mit den Namen der Propheten genannt wird.

Wer über einen solchen Edelsinn verfügt, verbeugt sich nicht vor Götzen und anderen Dingen, die von Menschenhand geschaffen wurden, und macht sich nicht zu einem Gefangenen greifbarer Dinge oder materieller Macht. Er betet keine Naturerscheinungen an wie Sonne, Mond oder Sterne. Er sucht Zuflucht bei jenem, der sein Schöpfer ist sowie Schöpfer des sonstigen endlosen Universums und aller Menschen. Ein solcher Edelsinn ist seiner würdig und gebührt der Menschheit. Er demonstriert seine Herrschaft über die anderen Geschöpfe des Universums.

Der Edelsinn der Tat entsteht durch die Anwendung der Stärke des Verstands und des Körpers sowie durch die Einbeziehung der anderen Begabungen, die dem Menschen angeborenen sind, so wie der große Gott sagt: „Für jeden Menschen ist ein Rang nach dessen Handlungen und Taten bestimmt."

In dem Maße, wie jeder nützliche Taten vollbringt, werden seine Stellung und sein Ansehen gegenüber Gott und der menschlichen Gesellschaft bewertet, so wie der Prophet sagte: „Der beste Mensch ist derjenige, der den Menschen am nützlichsten ist."

Dieser edle Hadith sagt deutlich, dass die Größe des Edelsinns eines Menschen nach dem Nutzen seiner Handlungen für die Gesellschaft bestimmt wird, wobei eine Tat für die heilige Religion des Islam eine angemessene Tat ist, die, so wie im Koran und in den Hadithen überliefert ist, nicht nur religiöse Verehrung ist, sondern eine Handlung in der Tat, welche Nutzen bringt und dem Wohl der Gesellschaft dient. Da die Achtung und der Respekt vor dem Edelsinn und den Rechten der Menschen in allen Doktrinen und Religionen einen hohen Stellenwert genießt, müssen alle Muslime und alle Menschen die Gebote der Menschlichkeit und die Anweisungen ihrer Religion beachten, den Edelsinn, die Würde und die Ehre des Menschen, des teuersten Geschöpfes der existierenden Welt, ohne Rücksicht auf sozialen Status, Rasse oder Stamm.

Wenn wir nun das Verhalten der Taliban, die sich selbst sozusagen als Wächter des Islam betrachteten, auf der Grundlage des soeben Gesagten messen, werden wir sehen, dass sie den Edelsinn des Menschen in keiner Weise achteten, sondern verhöhnten und verspotteten. Und dies führte insbesondere unter der Herrschaft von Scher Malang zu unbeschreibbaren Geschichten, die er selbst und seine Gehilfen zu verantworten haben.

Seine Hoheit der Prophet hat gesagt:

„Wenn ein muslimischer Emir oder ein Wali den Bedürftigen die Tür verschließt und nicht gestattet, dass die Menschen zu ihm kommen und ihre Anliegen vortragen, dann wird Gott diesem Emir oder Wali die Tür der Vergebung und der Barmherzigkeit verschließen."

Scher Malang hat mit seinem Wesen eines Panthers (*palang*) den Menschen von Nimroz nicht nur verwehrt, ihre Anliegen vorzutragen, sondern er hat sie erniedrigt und gekränkt, weil er jeden Nimrozi als einen Feind der pakistanischen Bewegung ansah und sie deshalb nicht anhörte.

Ich weiß nicht, in welchem Maße Scher Palang mit dem Islam und seinen Gesetzen vertraut war, denn seine Taten erweckten den Eindruck, dass ihm nicht nur das ABC des Islam vollkommen unbekannt war, sondern dass er die Menschen sogar vom Islam fern halten wollte. Doch wahrscheinlich geschah auch dies auf Anweisung seiner Kriegsherren.

Seine Hoheit der Prophet des Islam, Mohammad, sagt: „Jeder, der einen Muslim peinigt, peinigt mich, und jeder, der mich peinigt, peinigt Gott."

Ich weiß nicht, welche Strafe Scher Malang nach diesem Hadith am Tag des Jüngsten Gerichts für diese Taten der Peinigung, Beleidigung und Erniedrigung der Muslime von Nimroz erhalten wird. Kurz gesagt: Wenn wir die Taten, die der Wali Scher Malang in der Provinz Nimroz vollbracht hat, wenn wir alle Pein, die den wehrlosen Menschen von Nimroz durch ihn zugefügt wurde, wenn wir alle Verbrechen, die durch ihn und seine anderen Söldner begangen wurden, zusammentragen und aus dem bezeugten Mund der gequälten und gepeinigten Menschen von Nimroz zu Papier bringen müssten, würde das den Umfang dieser Erinnerungen bei weitem überschreiten. Deshalb ist es besser, wenn wir die Darlegung der peinigenden Taten dieses Feindes des Glaubens an dieser Stelle beenden.

Ein Feiertag und die Rede von Scher Malang

Es war der erste Tag des Ramadan-Festes. Die Bewohner von Nimroz und den umliegenden Gegenden hatten sich vor dem Nordtor des lokalen Rundfunksenders zu einem gemeinsamen Gebet versammelt. Anlässlich des Feiertages hatten alle neue und saubere Kleidung angelegt und waren frohen Herzens bemüht, zur festgelegten Zeit zum Feiertagsgebet zu erscheinen. So waren viele Menschen auf dem Platz vor dem Nordtor des lokalen Rundfunksenders versammelt, der für das gemeinsame Gebet ausgewählt und vorbereitet worden war. Mullas, Imame, Prediger und islamische Gelehrte sprachen der Reihe nach über religiöse Fragen und über den seligen Feiertag, bis schließlich die Zeit des Gebets gekommen war und alle gemeinsam das Feiertagsgebet vollführten. Anschließend erwarteten alle Betenden eine Rede des Wali. Dem Wali war anzusehen, welchen Groll und welche Feindschaft er gegenüber den Menschen von Nimroz verspürte, denn er zitterte am ganzen Körper. Mit seinem Stock in der Hand erhob er sich von seinem Platz und sagte zu den Leuten:

„Eigentlich wollte ich euch viel über religiöse Dinge erzählen, aber diese Kleidung, die ihr da tragt, gleicht in ihrem Schnittmuster und ihrer Mode der von Ausländern oder – anders gesagt: – der von Franzosen und anderen Ungläubigen. Deshalb glaube ich, dass ich vor einer Gesellschaft von Glaubenslosen stehe, und werde darauf verzichten, eine Rede zu halten."

Alle waren über diese Worte des Wali Scher Malang verwundert und verfluchten ihn im Inneren ihrer Herzen, als sie wieder nach Hause gingen.

Eigentlich war auch diese Tat von Scher Malang nicht überraschend, denn in seiner Militärschule hatte er nichts anderes gelernt, als dass die Menschen in Nimroz Ungläubige seien.[43]

---

[43] Die aus Pumphosen und langen Hemden bestehende Männerkleidung, wie sie in Afghanistan und Pakistan verbreitet ist, mag für einen fremden Betrachter auf den ersten Blick kaum Unterschiede aufweisen. Tatsächlich gibt es sogar innerhalb Afghanistans re-

Die Antwort an eine iranische Delegation

Da die Provinz Nimroz an der Grenze liegt, hat die Provinzverwaltung immer mit Grenzfragen zu tun, die durch Verhandlungen von Vertretern der beiden Nachbarstaaten gelöst und erörtert werden müssen. Solche Fragen waren auch in der Vergangenheit immer wieder entstanden, und stets hatten die afghanischen oder iranischen Vertreter der anderen Seite einen Besuch abgestattet und auf dem Wege von Verhandlungen eine Lösung gesucht. Auch unter der Herrschaft von Scher Malang kam mit dem Einverständnis der afghanischen Seite eine iranische Delegation nach Zarandsch, um im gegenseitigen Einvernehmen ein Grenzproblem zu besprechen. Die Versammlung der beiden Delegationen begann zur festgelegten Zeit. Scher Malang bat, die Tagesordnung vorzulesen und anschließend jede einzelne Frage zu besprechen und zu klären. Aber der arme Scher Malang hatte weder Ahnung von Politik, noch verstand er etwas von internationalen Gesetzen und Gepflogenheiten in Grenzangelegenheiten.

Zu Beginn der Beratung wandte er sich mit folgenden Worten an die iranische Delegation: „Welche Kompetenzen hat eure iranische Delegation, die hierher gekommen ist?"

Der Leiter der iranischen Delegation antwortete: „Unsere Kompetenzen entsprechen den Gesetzen unseres Landes."

Scher Malang: „Ich habe die Kompetenz, Nimroz an Euch zu verkaufen. Habt ihr auch die Kompetenz, mir Nimroz abzukaufen oder mir Zabul[44] zu verkaufen?"

---

gionale Abweichungen im Schnittmuster und bei verschiedenen Accessoires. Am weitesten verbreitet sind heute Hemden mit abgerundeten Ecken am unteren Saum, gerader Knopfleiste auf der Brust und gefaltetem Kragen. Paschtunen aus Kandahar bevorzugen dagegen Hemden mit gerade geschnittenen Ecken am unteren Saum und tragen zudem gern Umschlagtücher, die aus demselben Stoff gefertigt sind wie Hemd und Hose. Usbeken sind an kragenlosen Hemden mit rundem Halsausschnitt und einer häufig schräg angesetzten Knopfleiste zu erkennen. Belutschen haben ihre traditionellen weißen Hemden mit zahlreichen Falten im unteren Bereich in den 1950er Jahren aufgegeben und tragen heute das oben beschriebene Standardmodell (vgl. hierzu È. G. GAFFERBERG: „Odežda beludžej Turkmenskoj SSR", *Sbornik muzeja antropologii i ètnografii*, Leningrad 16 (1970), S. 52-100). Noch vielfältiger sind regionale Unterschiede in den Kopfbedeckungen. Unterschiedliche Kleidungsgewohnheiten werden oft auch dann beibehalten, wenn jemand in einer anderen Gegend lebt. Noch größer erscheinen solche Unterschiede bei einem Vergleich mit pakistanischen Kleidungsgewohnheiten. Deshalb sah Scher Malang die Kleider der einheimischen Bevölkerung von Nimroz als befremdlich an und nannte sie „französisch". Ein weiterer Bezug auf diese Begebenheit befindet sich in den Ausführungen auf S. 76.

[44]Zabul ist die nächstgelegene Stadt auf der iranischen Seite.

Der Leiter der iranischen Delegation war verwundert und dachte zuerst, der Wali würde scherzen. Dann wurde aber klar, dass dieser ungebildete Mensch nicht aufhören würde, bevor er seine Sache zu Ende gebracht hat. Mit einem Lächeln sagte der Leiter der iranischen Delegation: „Herr Gouverneur! Wir haben nicht die Kompetenz, unsere Heimat zu verkaufen. Zabul ist nicht das Privateigentum der Mitglieder dieser Delegation, so dass ich es verkaufen könnte, sondern Zabul gehört allen Bewohnern von Iran. Wir haben nicht die Kompetenz, fremdes Land zu kaufen oder unser Land zu verkaufen."

Als Scher Malang diese Antwort hörte, sagte er: „Ich bin nicht bereit, mit einer so kompetenzlosen Delegation zu verhandeln. Lebt wohl!" Nachdem er das gesagt hatte, verließ er die Versammlung und ging davon.

Wie die Beschlüsse der Stadtverwaltung der Mudschahedin für ungesetzlich erklärt wurden

Schon am ersten Tag, nachdem die Taliban zum zweiten Mal die Macht in Nimroz in die Hände genommen hatten, setzte die feindselige Haltung von Scher Malang, der an ihrer Spitze saß, gegenüber den Bewohnern dieser Provinz ein. So erklärte er sämtliche Pläne zur Gestaltung der Stadt Zarandsch, die in der Zeit der Mudschahedin entwickelt und in Angriff genommen waren, für ungesetzlich und nahm dabei auch alle Grundstückszuweisungen zurück, die für den Wohnungsbau an die Bewohner ergangen worden waren. Sogar diejenigen, die alle notwendigen juristischen Prozeduren in der Stadtverwaltung durchlaufen und auf solchen Grundstücken bereits ihre Häuser errichtet hatten, in denen sie nun wohnten, wurden gezwungen, diese Häuser wieder zu verlassen. So wurden einige private Wohnhäuser im Norden der Stadt Zarandsch, die in der Zeit der Mudschahedin gebaut und fertig gestellt worden waren, auf Befehl von Scher Malang, dieses unversöhnlichen Feindes der Bewohner von Nimroz, mit staatlichen Bulldozern wieder zerstört und dem Erdboden gleich gemacht. Und bis heute hat niemand begonnen, diese Häuser wieder aufzubauen. Und wenn die Bewohner die zentrale Taliban-Regierung in Kandahar in schriftlicher Form über diese Ungerechtigkeit informierten, so fanden sie auch dort niemanden, der für ihre Beschwerden ein offenes Ohr gehabt und sie nach den Regeln der heiligen Religion des Islam von diesen Grausamkeiten erlöst hätte. Als eine Delegation der Bewohner von Nimroz mit eben diesem Ziel nach Kandahar fuhr, wurde ihr kein Treffen mit Mulla Umar gestattet.

Diese unmenschliche Tat hat nicht nur zahlreiche Personen wohnungslos gemacht, sondern auch viele Händler mussten diese Gegend verlassen, denn auch viele private Läden waren entgegen den früheren Bestimmungen der Stadtverwaltung zu Staatseigentum erklärt worden. Den Händlern war es von da an verboten, in diesen Läden weiterhin Handel zu treiben. Viele waren nicht bereit, dieser Anordnung Folge zu leisten, und öffneten ihre Läden trotzdem am Morgen oder zu Mittag. Daraufhin befahl Scher Malang der Stadtverwaltung, alle Läden zu verschließen und die Schlüssel zu verwahren, was vielen Händlern dieser Region große materielle Verluste einbrachte.

Die ganze Zeit lang konnte niemand in Erfahrung bringen, was die Ursache für diese Feindseligkeit war. Einmal habe ich selbst gehört, wie jemand von der Stadtverwaltung den Leuten sagte: „Es stimmt, ihr habt alle notwendigen juristischen Prozeduren bei der Stadtverwaltung durchlaufen, aber was kann ich tun? Das ist ein Befehl von oben."

Die wirkliche Absicht dieser Feindseligkeit bestand darin, die Menschen von Nimroz aus ihrer Heimat zu vertreiben und die Provinz für immer den ungebetenen Pandschabi-Gästen zu überlassen.

Eine Begebenheit beim Aufruf zum Nachmittagsgebet

Die heilige Religion des Islam verbietet es, auf Menschen in religiösen Fragen Druck auszuüben. Dies kommt in einer sehr deutlichen Form auch in unserem himmlischen Buch, und zwar in der Sure *Baqara* – „Die Kuh", zum Ausdruck, wo es heißt, dass den Menschen alle Fragen durch Propaganda erklärt werden müssen, damit sie diese befolgen. Doch die Taliban, die vom Islam und von religiösen Dingen keine Ahnung hatten, wandten in Nimroz bei jeder religiösen Frage Gewalt an.

Einmal, als gerade der Aufruf zum Nachmittagsgebet erklang, begannen einige Kandahari plötzlich mehrere Gewehrsalven abzufeuern und schrien wie wild umher. Die Leute sprangen aus ihren Läden und rannten davon, ohne ihre Läden abzuschließen. Später wurde bekannt, dass bei dieser unüberlegten Schießerei mehrere Menschen getötet und weitere verletzt wurden. Keiner hat die Verantwortlichen für diese Tat gefragt, warum diese Leute sterben mussten.

Die materiellen Laster von Scher Malang

Wegen seiner grenznahen Lage und der damit verbundenen Handelstätigkeit verfügt die Provinz Nimroz über umfangreiche Zolleinnahmen. Deshalb haben die Taliban diese Provinz auch „Kuwait von Afghanistan" genannt und alle Bemühungen angestrengt, die hier lebenden Menschen um
ihr Eigentum zu berauben, die Schatzkammer zu missbrauchen und die eigenen Taschen damit zu füllen. Zur Zeit der Herrschaft von Scher Malang
beliefen sich die offiziellen Zolleinnahmen der Provinz pro Tag auf mehrere Millionen iranische Tuman[45], so dass die Zolleinnahmen eines Monats
mühelos ausgereicht hätten, um die materiellen Bedürfnisse aller Einwohner der Stadt Zarandsch zu decken. Hier ist von Tuman die Rede, weil das
afghanische Geld in den Jahren des Bürgerkriegs in einem solchen Maße an
Wert verloren hatte, dass die gesamte Handelstätigkeit mit ausländischen
Währungen wie US-Dollar, Tuman, Kaldar[46] u. a. verrechnet wurde.

Doch nicht nur diese unzählbaren Geldsummen [aus den Zolleinnah-
men] wurden vorenthalten und standen nicht zur Verfügung, um die Bedürfnisse von Nimroz und seinen Bewohnern zu stillen. Unter den verschiedensten Vorwänden wurden [von den Taliban] Monat für Monat mit
gewaltsamen Mitteln auch enorme Summen aus dem Handel in der Stadt
selbst eintrieben. Ein Teil dieser ganzen Einnahmen wurde gleich aus Nimroz weggeschafft, um damit die Kriegskosten im Bürgerkrieg zu decken,
und ein anderer großer Teil kam ins Ausland und wurde von Pandschabi-
Kommandeuren für die Errichtung mehrstöckiger Privatpaläste ausgegeben, die man heute in allen Gegenden Pakistans sehen kann.

Scher Malang hat die gesamte existierende Buchführung annulliert und
ließ am Abend eines jeden Tages alle Einnahmen in seine Residenz in der
Provinzverwaltung bringen. In seinen Ausgaben war der Wali vollkommen frei und niemandem zur Rechenschaft verpflichtet. Zum Schatzmeister hatte er einen Talib ernannt, mit dem er familiär oder stammesmäßig
eng verbunden war. Auch was die Verwendung des Geldes aus der Schatzkammer anbelangt, so besaß der Schatzmeister alle Vollmachten.

Die Freunde des Wali, Kommandeure, Kadis und andere, unternahmen
extra Reisen nach Nimroz, um ihre wirtschaftliche Situation aufzubessern.
Gemeinsam mit bewaffneten Taliban-Kämpfern sammelten sie in allen Läden der Stadt Zarandsch Geld ein, das angeblich als Hilfe für den Bau von
Moscheen, Brücken und anderen Einrichtungen bestimmt war. So sind sie,

---

[45]Im Jahre 2002 hatte ein US-Dollar in Zarandsch einen Kurswert von 800 iranischen
Tuman.
[46]Pakistanische Rupien werden in Afghanistan umgangssprachlich als Kaldar
bezeichnet.

obwohl sie mit leeren Taschen nach Nimroz gekommen waren, anschließend mit Säcken voller Geld, das sie den Menschen gewaltsam als Steuertribut entrissen haben, wieder in ihre Heimatgegenden zurückgekehrt. Solche Reisen fanden das ganze Jahr über statt, und die Händler von Nimroz gaben alles, was sie besaßen, an diese Schmarotzer der afghanischen Gesellschaft ab. In jedem Fall war die Schatzkammer der Provinz zu einem Privateigentum von Scher Malang und seinen Gefährten geworden. Dabei hätte schon ein kleiner Teil der ganzen Einnahmen gereicht, um die notwendigen Ausgaben für diese zerstörte Provinz zu decken. (Gott verfluche diese Verräter und die Anhänger einer Politik der stammesmäßigen Säuberung. Amen!)

Auch dies ist erwähnenswert: Unter der Anleitung seiner kunstfertigen Lehrer, die alle nicht nur ein Diplom in Verwaltung, sondern auch in Teufelei und Lasterhaftigkeit besaßen, entließ Scher Malang unter dem Vorwand, gegen materielle Veruntreuungen in der Provinzverwaltung vorgehen zu wollen, alle ehemaligen Mitarbeiter und ersetzte sie durch Personen seines eigenen Vertrauens. Nur so konnte es ihm gelingen, sich die gesamten Einnahmen der Provinz anzueignen und mit dem Blut der Bewohner von Nimroz, die selbst seit Jahren weder ein Haus noch eine Hütte besaßen und mit tausend anderen Schwierigkeiten zu kämpfen hatten, prachtvolle Paläste in Pakistan zu errichten.

Wie Scher Malang mit Flüchtlingen umging

Für all jene Flüchtlinge, die in dem mehrjährigen Bürgerkrieg ihre Häuser verloren hatten oder verlassen mussten, wie auch für diejenigen, die von Iran aus die Grenze überqueren [um zurückzukommen], ist Nimroz ein wichtiger Transitpunkt. Alle Flüchtlinge, die nach Iran auswandern wollen, müssen einige Tage und Nächte in den Flüchtlingslagern von Zarandsch verbringen, um eine günstige Gelegenheit zum Überqueren der Grenze abzuwarten. Ebenso müssen die Flüchtlinge, die aus Iran kommen, um in ihre Häuser zurückzukehren, zunächst eine bestimmte Zeit in der Provinz Nimroz verbringen. Außerdem ist Nimroz ein wichtiger Stützpunkt für jene Menschenschmuggler, die Afghanen über die Grenze in iranische Städte bringen. Auch hierfür gibt es in Zarandsch spezielle Wohnheime. Jeden Tag kommt eine bestimmte Zahl Afghanen mit Hilfe von Menschenschmugglern, die ebenfalls aus Afghanistan stammen, nach Zarandsch. Wenn diese Afghanen hinter Zarandsch die Grenze überqueren und nach Iran gelangen, werden sie von iranischen Menschenschmugglern in verschiedene iranische Städte gebracht. Mit dem illegalen

Menschentransport über die iranisch-afghanische Grenze verdienen diese Händler beträchtliche Geldsummen, weshalb sie in ihren Heimatgegenden auch die prächtigsten Paläste bewohnen. Leichtfertig und sorglos spielen sie mit dem Leben der unterdrückten Afghanen. Manchmal kommt es vor, dass in einer Nacht mehrere Leichname in Zarandsch eintreffen. Das sind dann solche Afghanen, die mit Hilfe von Menschenschmugglern für schätzungsweise einige Tausend Tuman ihre Häuser verlassen haben, um sich vor den Grausamkeiten des Krieges zu retten oder um für ihre Familie einen Kanten Brot zu finden, die ihr ersehntes Ziel aber meistens nicht erreichen, sondern sterben, weil sie entweder in einen Autounfall gerieten, in den glühend heißen Wüsten verhungert und verdurstet sind, von Straßenräubern überfallen oder von den Menschenschmugglern einfach verraten und verlassen wurden. Oft kommt es vor, dass Menschenschmuggler die Menschen, die sich ihnen anvertrauten, bei Gefahr einfach im Stich lassen und damit dem sicheren Tod aussetzen, um ihre eigenes Leben zu retten.

Von Anfang an gab es in der Provinz eine spezielle Behörde für Flüchtlingsangelegenheiten mit einigen Mitarbeitern und eigenen Haushaltsmitteln. Mit dem Machtantritt der Taliban wurde diese Einrichtung in „Behörde für Migranten und Invaliden" umbenannt, aber diese Behörde hat weder eine Ahnung von den Flüchtlingsströmen noch von der Bedeutung der Worte „Migrant" und „Invalide". Die Haushaltsmittel dieser Behörde werden auf Empfehlung des Wali an den einen oder anderen Bekannten verschenkt, während die armen Flüchtlinge in Containern westlich vom lokalen Rundfunksender hausen. Diese Container mit einer Breite von ungefähr fünf und einer Länge von etwas über acht Metern waren aus Metallplatten gefertigt. Die früheren Regierungen hatten dort die staatlichen Getreidevorräte aufbewahrt. Die Container besaßen weder Fenster noch Öfen, so dass die unglückseligen Flüchtlinge in den Wintermonaten oft an Erkältung erkrankten und im Sommer unter der großen Hitze litten. Wenn Flüchtlinge bei den Containern ankommen, die ihnen zugewiesen sind, verkünden die Mullas (die Imame aus den Moscheen der Stadt) über Lautsprecher oder einfach von einer Anhöhe:

> „Achtung! Achtung! Aufmerksamkeit! Es sind soundso viele Flüchtlinge über die Grenze gekommen. Jeder möge entsprechend seinen Verhältnissen trocken Brot und Wasser bringen."

Wenn sich die Flüchtlinge mit der Bitte um Unterstützung an die Flüchtlingsbehörde wenden, erhalten sie zur Antwort:

> „Warum habt ihr eure Heimat verlassen? Ihr handelt gegen den Glauben des Islam. Wir können euch nicht helfen."

Wenn Flüchtlinge hartnäckig bleiben, bekommen sie Stockschläge oder sie werden ins Gefängnis geworfen. So waren viele von ihnen gezwungen, in der Stadt zu betteln, um wenigstens etwas Brot zu bekommen. Die Haushaltsmittel der Flüchtlingsbehörde kamen jedenfalls nur den Angehörigen und Vertrauten der Stadtverwaltung zugute, die damit japanische Luxusgüter erwarben oder pompöse Hochzeitsfeiern für ihre Verwandten oder für Regierungsangestellte veranstalten, über die dann im ganzen Land gesprochen wird.

Dies war eine kurze Zusammenfassung der Tätigkeit der Flüchtlingsbehörde und ihrer Hilfe für die Flüchtlinge während der Regierungszeit von Scher Malang in Nimroz.

Wie Scher Malang mit Spitzeln verfuhr

Neben allen negativen Eigenschaften des blutrünstigen Raubtiers Scher [Malang] sollte man auch seine positiven Seiten nicht vergessen.

Wenn wir die Geschichte von Nimroz studieren, so werden sowohl die Gründe für das Erblühen dieser historischen Region wie auch die Ursachen für ihren Verfall und ihre Zerstörung klar und deutlich benannt. Der Autor der berühmten „Geschichte Sistans"[47] hat drei Gründe für das Erblühen von Sistan genannt: Die Bändigung des Wassers, die Bändigung des Sandes und die Bändigung der als „Teufel" bezeichneten Spitzel. Immer wenn diese drei Dinge gebändigt werden, nimmt Sistan seinen Platz als Kornkammer und blühender Garten Asiens ein. Gegenwärtig ist kein Anzeichen zu erkennen, dass auch nur eine dieser drei Sachen gebändigt würde, was zu Verfall und Unterdrückung geführt hat.

Auf jeden Fall unternahm Scher Malang ernsthafte Schritte, um die Tätigkeit der „Teufel", also der lokalen Spitzel, zu unterbinden, indem er ihren Berichten keinen Wert schenkte. Wenn irgend jemand über einen anderen einen Bericht verfasste und der Provinzverwaltung zutrug, stellte Scher Malang beide Personen gegenüber, um Wahrheit und Lüge herauszufinden. Das führte dazu, dass die lokalen Spitzel ihre verwerflichen käuflichen Dienste bald einstellten.

---

[47] „Geschichte Sistans" (*Ta'rīx-i Sīstān*) – Lokalchronik, deren Haupttext in der Mitte des 11. Jahrhunderts von einem unbekannten Autor verfasst wurde. Später wurde dieser Abhandlung von einem anderen Autor eine Darstellung weiterer Ereignisse bis zum Jahre 1295/1296 hinzugefügt. Heute werden beide Texte als einheitliches Werk angesehen. Siehe Milton GOD (transl.): *The Tārikh-e Sistān*, Roma 1976; L. P. SMIRNOVA (per.): *Taʿrīḫ-i Sīstān (""Istorija Sistana"*), Moskva 1974.

Ein Eingeständnis

Man sagt, dass das Eingestehen eigener Mängel den Mut und die Größe eines Menschen zeigt.

Von Anfang an, seitdem Scher Malang zum Wali von Nimroz ernannt worden war, fragten sich alle Leute immer wieder: Warum erlaubt Scher Malang den Menschen nicht, ihre Beschwerden direkt bei ihm vorzutragen? Warum jagt er sie mit obszönen Beschimpfungen aus der Provinzverwaltung? Die Antwort auf diese Fragen blieb den Menschen in Nimroz verborgen. Erst als Scher Malang von seinen Pflichten in Nimroz entbunden wurde und nach Kandahar ging, hat er diese Fragen mit einem Eingeständnis beantwortet.

Einer meiner Freunde berichtet: Auf einer Versammlung von einigen Taliban-Führern, an der auch Scher Malang teilnahm, wurde einmal über die Provinz Nimroz und ihre Einwohner gesprochen. Jeder der Versammlungsteilnehmer legte hierzu seine Meinung dar. In dieser Runde sagte Scher Malang unter anderem:

„Bis zum letzten Tag meines Dienstes in Nimroz habe ich niemandem gestattet, in mein Büro zu kommen. Keinen, der etwas von mir wollte, habe ich offenherzig empfangen. Ich war immer mit einem Stock und mit einer Peitsche bewaffnet und habe die Leute mit zornigen und derben Worten aus dem Büro verjagt, denn die Einwohner von Nimroz haben eine viel höhere Kultur als wir. Selbst diejenigen, die nicht in ausreichendem Umfang lesen und schreiben können, sind außerordentlich redegewandt und ich hätte sie mit Argumenten und mit Logik nie besiegen können. Um sie trotzdem zu unterwerfen, musste ich eine Politik des Zorns anwenden und durfte ihnen keine Gelegenheit geben, ihre Argumente vorzubringen."

Dies war in der Tat ein mutiges Eingeständnis. Die Einwohner von Nimroz und vor allem die Leute, die in der Stadt Handel treiben, unterhalten auch Handelsbeziehungen mit fremden Ländern. Dabei wurden und werden sie natürlich auch von der fortgeschrittenen Kultur dieser Länder beeinflusst. Und das blieb nicht ohne Wirkung auf ihr Denken und ihre Weltanschauung.

Auch wenn heute ein Ausländer nach Zarandsch kommt, wird er in jeder Hinsicht große Unterschiede zwischen den Leuten von Nimroz und den Taliban feststellen.

Wie ich Wissenschaft und Kultur aufgab und Buchhalter wurde

از دیگران زیاد گفتی اندک از خود باید گفت

Genug von anderen geredet, erzähl über dich selbst!

In meinem Bericht über den Gutsherrn Habibullah[48] habe ich vom Ackerbau und dessen Früchten erzählt. Trotz aller Mühen und Anstrengungen brachten Landwirtschaft und Ackerbau kein Brot. Jeden Tag kamen in meinem Leben neue Probleme hinzu. Das Einkommen von mir und meinen Söhnen konnte unsere täglich steigenden Ausgaben nicht decken. Deshalb überlegte ich mir, in meiner Freizeit, die eigentlich für die Erholung bestimmt ist, einer weiteren Arbeit nachzugehen und mit diesem zusätzlichen Einkommen die Schwierigkeiten des Alltags zu lindern. Ich sprach darüber mit dem Leiter der Kultur- und Informationsverwaltung von Nimroz, wo ich inzwischen offiziell angestellt war. Sei es aus Menschenliebe oder persönlichem Wohlwollen, er erlaubte mir jedenfalls, eine weitere Arbeit aufzunehmen und meine publizistische Tätigkeit beim lokalen Rundfunk von Nimroz täglich erst um fünf Uhr nachmittags zu beginnen.

Ich informierte meine Familie von diesem Entschluss und bat meine Söhne, sich in der Stadt nach einer Arbeit für mich umzusehen, denn sie hatten viel mehr Bekannte als ich. Meine Freunde und Bekannten sagten mir, dass die Söhne von Hadschi Muhammad Alam Zamardaragi, der selbst in Farah lebte und zum Stamm der Gallabatscha[49] gehörte, einen Buchhalter gebrauchen könnten. Die Söhne von Hadschi Muhammad Alam waren selbst schriftkundig, denn sie hatten mehrere Jahre lang eine Schule besucht, und auch ihre Familien waren ausreichend gebildet. Deshalb war ich über diese Nachricht erfreut, obwohl ich mich erinnern konnte, dass sie mich früher gewöhnlich mit *ustād* – „Meister", „Lehrer" angesprochen hatten. Seitdem sind noch einige wissenschaftliche Grade dazu gekommen, was es mir sehr schwer machte, diese Arbeit

---

[48]Siehe S. 3 ff.

[49]Gallabatscha (auch: Gallabatschak) – belutschischer Stamm, dessen Mitglieder vor allem in Afghanistan und Iran, vereinzelt aber auch in Pakistan leben. Sie fühlen sich auf einer höheren Identifikationsebene den Brahui zugehörig (ausführlicher zu den Brahui siehe S. 16). In Afghanistan liegen die Hauptsiedlungsgebiete der Gallabatscha im Verwaltungsbezirk Anardara der Provinz Farah sowie im Verwaltungsbezirk Tschachansur der Provinz Nimroz.

für mich als passend anzusehen. In seinem Leben erlebt man jedoch viele Höhen und Tiefen, und jeder hat die Pflicht, seine Familie zu ernähren. Und dann wäre das immer noch besser, als anderen gegenüber einfach nur die begehrende Hand auszustrecken. Deshalb rief ich meinen Sohn zu mir und sagte ihm, er solle zu den Söhnen von Hadschi Muhammad Alam Zamardaragi gehen, mit ihnen sprechen und sich für mich nach den Arbeitsbedingungen und dem Gehalt erkundigen.

Am folgenden Tag ging mein Sohn zu Muhammad Halim, der einer der Söhne von Hadschi Muhammad Alam war und in Zarandsch einen Laden betrieb. Dieser sagte meinem Sohn mit aller Höflichkeit, dass sein großer Bruder solche Fragen zu entscheiden habe, dieser aber gerade in Zabul sei und erst nach zwei oder drei Tagen nach Zarandsch zurückkommen werde. Zu Hause erzählte mir mein Sohn alles und ich sagte zu ihm:

„Gut, mein Sohn. Zwei oder drei Tage können wir auch noch warten. Gott stehe uns bei."

Nach drei Tagen kam Bismillah, der ältere Sohn von Hadschi Muhammad Alam, aus Zabul zurück. Mein Sohn Muhammad Na'im ging zu ihm und sagte: „Mein Vater ist bereit, eine bezahlte Arbeit aufzunehmen und könnte schon morgen anfangen."

Bismillah sagte, dass es nicht viel zu tun gebe. Es müsse nur über die täglichen Handelsgeschäfte wie Einkauf, Verkauf und ein paar Darlehen Buch geführt werden und am Ende eines jeden Tages sei alles zusammenzurechnen.

Die Ladenkette von Bismillah bestand aus mehreren Filialen. In der Filiale in Herat war ein gewisser Safi Dschilan für den Ankauf von Waren verantwortlich, die alle nach Nimroz weitergeschickt wurden. In der Filiale von Wesch[50], wo ein ehemaliger Militärangehöriger der kommunistischen Regierung arbeitete, wurden Handelsgüter wie zum Beispiel Audiogeräte, die sich einer großen Nachfrage erfreuten und gut absetzen ließen, eingekauft und ebenfalls nach Zarandsch verschickt. Eine dritte Filiale war in Kandahar, wo ein Angestellter mit Namen Mir Hasan Chan arbeitete. In der Filiale von Farah erledigte ein jüngerer Bruder von Bismillah die Arbeit. Die Hauptverwaltung all dieser Filialen war in Zarandsch, und für jede Filiale gab es ein eigenes Büro. Diese Arbeit sagte mir zu, und da es sich nur um Buchhaltung und Rechenarbeit handelte, begann ich also nach einigen Tagen, mich wieder einmal mit Mathematik zu befassen.

---

[50]Wesch – Basarort an der afghanisch-pakistanischen Grenze, der vor allem als Umschlagplatz für geschmuggelte Güter, gebrauchte Elektronikgeräte und Autos aus Dubai bekannt ist.

Gleich am nächsten Tag ging ich voller Hoffnungen und Erwartungen zu meiner neuen Arbeitsstelle. Auf dem Weg zur Arbeit sagte ich mir: 'Nun bestehen die Früchte meines langjährigen Studiums im In- und Ausland also darin, dass ich nicht einmal ein Stück trocken Brot habe. Wenn ich in all den Studienjahren nur etwas anderes gelernt hätte und diesen schweren Tag und all diese Not nicht hätte erleben müssen!' Mit diesen Gedanken kam ich im Laden an. Nachdem mein Sohn Bismillah begrüßt hatte, sagte er zu ihm: „Hier ist mein Vater. Wenn es gestattet ist, werde ich mich jetzt verabschieden." Bismillah antwortete: „Sehr wohl! Auf Wiedersehen!"

Dann begrüßte mich der Ladeninhaber, zeigte mir Stuhl und Tisch für die Buchhaltung und bat mich, meine Arbeit aufzunehmen.

Da ich mich in meinem ganzen Leben noch nie mit Handelsfragen befasst hatte, war alles neu für mich. Die Kunden und die Art und Weise, wie mit ihnen gesprochen wurde, die Termini des Ein- und Verkaufs und überhaupt der Handelsjargon, das alles war mir unbekannt.

In den ersten Tagen kam mir die Atmosphäre in diesem Laden sehr bedrückend vor; die zahlreichen Kunden und die vielen Stunden, in denen Menschen, ohne etwas zu tun, einfach nur herumsaßen und Tee tranken, haben mich ermüdet.

Bismillah war ein junger Mann von kräftiger Statur und nettem Wesen. Gleich in den ersten Minuten sagte er zu mir: „Es ist keine schwierige Arbeit. Alles, was du tun musst, ist diese Bücher zu führen. Du brauchst nur die täglichen Verkäufe, die Einnahmen und Ausgaben aufzuschreiben und am Ende eines jeden Tages die Einnahmen und Ausgaben mit dem vorhandenen Kapital in Übereinstimmung zu bringen. Wenn sich dabei ein Minus ergibt, müsst ihr die Belege dafür aufspüren und verrechnen." Dann gab er mir noch eine Rechenmaschine. Da ich zuvor noch nie mit einer Rechenmaschine zu tun hatte, konnte ich nicht mit ihr umgehen, denn mein eigenes Kapital hatte immer nur aus meinem Lohn bestanden, den man an vier Fingern abzählen konnte. Deshalb fiel es mir sehr schwer, nun all die Hunderttausender und Millionen zusammenzurechnen, und ich fragte mich, was wohl passieren würde, wenn mir ein Fehler unterliefe.

Auf alle Fälle habe ich jeden Tag nach dem Handelsabschluss die tägliche Bilanz errechnet und zu Gott gebetet, dass er mir Erfolg schenken möge, denn in meinem ganzen Leben war der Erfolg beim Studium und in wissenschaftlichen Dingen auf meiner Seite.

Allmählich wurde ich mit der Arbeit vertraut. Doch irgendwann zu Beginn der zweiten Arbeitswoche kam bei den Einnahmen und Ausgaben plötzlich eine Differenz von fünf Millionen heraus. So sehr ich mich auch bemühte, ich konnte die Ursache und die Belege für diese Differenz nicht finden. Der Ladeninhaber fing an zu schreien, doch dann rief er andere Leute herbei, die sich mit Buchhaltung auskannten, und sagte zu ihnen: „Schaut nach! Hier ist ein Minus von fünf Millionen." Mit Hilfe der erfahrenen Buchhalter habe ich alle Einnahmen und Ausgaben immer wieder zusammengerechnet, aber es kam immer dasselbe heraus. Nach zwei Stunden beschlossen wir, am nächsten Tag noch einmal nachzurechnen. Verzweifelt ging ich nach Hause, wo ich die ganze Nacht über nicht schlafen konnte und die Zeit bis zum Morgengrauen mit den Sternen am Himmel verbracht habe. Nach dem Morgengebet ging ich in den Laden und glaubte, dass man mich heute als Dieb von fünf Million Tuman zur Taliban-Verwaltung schleppen würde, wo mir nach den Regeln der islamisch-mohammedanischen Scharia die Hand abgehackt wird, um mich vor meinen Freunden und Feinden bloßzustellen. Als ich den Laden betrat, wurde mir gesagt, dass das fehlende Geld gefunden wurde. Muhammad Halim habe das Geld mit nach Hause genommen und dort vergessen. In der Nacht sei es ihm wieder eingefallen und er habe das Geld wieder in den Laden gebracht. Als ich das hörte, blieb mir vor Freude beinahe das Herz stehen. Ich dankte Gott, dass er mich aus dieser Not erlöst hatte.

Diese Begebenheit gehört zu den äußerst unangenehmen und unvergesslichen Erinnerungen, die ich an meine Zeit als Buchhalter habe, denn in meinem Leben war ich nie mit einer solchen Schwierigkeit konfrontiert gewesen. Stets war der Erfolg auf meiner Seite. Meine gesamte Freizeit verbrachte ich im Laden an der Rechenmaschine, um allmählich mit den Grundlagen der Buchführung vertraut zu werden. Mit jedem Tag spürte ich neue Fortschritte. Ich wollte auf jeden Fall vermeiden, irgend einen Fehler zu machen. Nach zwei Monaten kam Bismillah und erhöhte mein Gehalt um 200 000 Afghani.

Was unter den Händlern von Nimroz wirklich geschätzt wird, sind Aufrichtigkeit und Offenheit bei der Arbeit, obwohl die meisten von ihnen in ihrer eigenen Arbeit gar nicht aufrichtig sind und selbst vor Lügen oder falschen Schwüren nicht zurückschrecken, wenn es darum geht, einen noch größeren Profit zu erlangen. Alles, was sonst verboten ist, ist ihnen erlaubt, doch von ihren Angestellten erwarten sie äußerste Aufrichtigkeit und Zuverlässigkeit.

Eigentlich verstehen sie wenig vom Handel. Ihre Handelsgeschäfte verlaufen noch nach dem traditionellen und ursprünglichen System. Sie bemühen sich, ihre Waren auf jede nur mögliche Weise zu verkaufen.

Wenn sie einen Buchhalter oder einen anderen Mitarbeiter einstellen, sind sie sehr vorsichtigt und testen ihn mehrere Monate. Bei dieser Überprüfung sind sie sehr schlau und wenden die verschiedensten Tricks an.

Wenn jemand diese Prüfung besteht, wird er in allen anderen Handelsangelegenheiten als zuverlässig angesehen und darf sogar selbst Ein- und Verkäufe tätigen.

Da ich zum ersten Mal mit solchen Leuten zu tun hatte, als ich ihr Buchhalter wurde, setzten sie mich gleich am ersten Tag einer sehr schweren Überprüfung aus. Wahrscheinlich musste das auch so sein. Manchmal waren sie es selbst, manchmal sieben- oder achtjährige Kinder, die nach den Anweisungen der Älteren im Laden auf mich aufpassten. Gleich am ersten Tag habe ich zwei Dinge verstanden und ihnen erklärt, dass ich mich nicht für den Ein- und Verkauf von Waren interessiere und meine Aufgabe nur mit Stift und Papier zu tun haben soll. Außerdem hätte ich nicht die Absicht, Geld zu zählen oder Waren zu liefern. So habe ich meine Buchhaltertätigkeit vier Jahre lang ausgeführt und konnte allmählich meine Schwierigkeiten mit den Taliban und meiner Arbeit beim lokalen Rundfunk vergessen.

Der Stadtprediger

An einem reiligiösen Feiertag, als mich starke Zahnschmerzen quälten, fiel mir ein, dass ich einige Freunde besuchen musste, um ihnen zum Festtag zu gratulieren. Um acht Uhr morgens, als es noch einigermaßen kühl und der Himmel mit kleinen Wolken bedeckt war, waren in den Straßen der Stadt an allen Ecken Kinder zu hören, die spielten und sich die Zeit vertrieben. Gelegentlich sah ich auch eine Gruppe von Leuten, die offensichtlich ebenfalls jemanden besuchen wollten, um zum Feiertag zu gratulieren.

Auch ich ging gemächlich zum Haus eines meiner Freunde. Plötzlich fiel mein Blick auf eine Gruppe von etwa 30 Personen, die zu Fuß unterwegs waren. Sie wurden von einem Auto mit zwei Kabinen begleitet, das mal hinter ihnen, mal in ihrer Mitte und mal vor ihnen fuhr. Zuerst wunderte ich mich, wieso eine Gruppe von Fußgängern, von denen die meisten ältere Männer und Weißbärte waren, von so einem großen Auto begleitet wurde und weshalb ein junger Mann mit einer weißen Kappe auf dem Kopf und einem weißen Tuch über der Schulter kommandierend in dem Auto saß und in Wirklichkeit alle anderen ihn zu begleiten schienen.

Diese Szene brachte mir die alten Feudalzeiten in Erinnerung, als ein Malik auf einem flinken Schimmel ritt und seine ergebenen Diener und Berater vor und neben dem Pferd mitrannten. Da die Straßen von Zarandsch sehr staubig waren, wurde der ganze Staub von dem fahrenden Auto aufgewirbelt, so dass das Haupthaar und die Bärte der nebenher laufenden alten und jungen Männer ganz verdreckt waren. Als ich näher an diese

Gesellschaft herankam, konnte ich einige Bekannte erkennen. Einer von ihnen war der Vater jenes wohlgekleideten jungen Mannes, der im Auto saß und alle herumkommandierte. Der Vater war schon über siebzig Jahre alt. Gemeinsam mit anderen Männern, die genau so alt waren, hatte er die Ehre, seinen Sohn zu begleiten.

Dieser junge Mann war der Prediger Aziz Ahmad Daragi, der vor dem Machtantritt der Taliban ein politisches Amt in der Regierung der Mudschahedin innehatte und seinen Dienst damals immer in einer Militäruniform versah. Aziz Ahmad, der in jenen Tagen ein Anhänger der maoistischen Bewegung war und zu den Beschützern des damaligen Wali[51] gehörte, hatte seinen alten Weggefährten inzwischen Lebewohl gesagt und sich den neuen Machthabern wie eine heiß begehrte Braut in neuen Kleidern und mit einer nach außen hin islamischen Überzeugung in die Arme geworfen. Nun beschimpfte er List und Betrug all jener, zu denen er selbst einmal gehört hatte. Jetzt war er also ein wahrer Muslim mit einer wahren Überzeugung, ein ergebener Glaubenskämpfer, eine einflussreiche Person, dem die neuen Machthaber in einem politischen Deal die Verfügungsgewalt über die gesamte Region zum Geschenk gemacht hatten, weil sie seine Vergangenheit nicht kannten.

Wie ich den vom Straßenstaub verdreckten alten Vater und seinen Sohn, den Prediger, sah, der in der Kabine des Autos saß, um sich vor dem Straßenstaub zu schützen, fielen mir die folgenden Worte von Sa'di[52] ein:

تربیت نا اهل را چون گردکان بر گنبد است

Mit der Erziehung eines Schurken
ist es wie mit einer Wallnuss auf einer Kuppel.[53]

Immer wenn die Gesellschaft am Haus eines ihrer Freunde ankam, klopften sie an die Tür und traten ein. Der Stadtprediger, der sich offensichtlich nicht staubig machen wollte, blieb vor jedem Eingang im Auto sitzen und befahl den anderen, die in das Haus gingen, den Hausherren zu sagen, er könne den Prediger an der Tür begrüßen. Jedesmal kam der Hausherr sofort herausgerannt, um den Prediger willkommen zu heißen und ihm zum Feiertag zu gratulieren. Der Prediger wollte sich nicht einmal von seinem

---

[51]Gemeint ist der ehemalige Wali Karim Brahui.

[52]Sa'di (geboren zwischen 1209 und 1213, gestorben 1292) – persischer Dichter aus Schiraz.

[53]Lies: Einen Schurken kann man ebenso wenig erziehen wie man eine Wallnuss auf eine Kuppel legen kann, ohne dass sie runterrollen würde.

Autositz erheben oder gar einen Fuß auf den Boden setzen. So streckte er nur die Finger der linken Hand aus dem Auto heraus, um die Glückwünsche des Hausherren entgegen zu nehmen. Dann ließ er seinen Gefährten über den Hausherren noch auszurichten, dass sie sich beeilen sollten. Sofort kamen der Vater des Stadtpredigers und die anderen Begleiter herausgerannt, um zum Haus eines anderen Bekannten weiterzugehen. Nachdem sie auf diese Weise mehrere Häuser aufgesucht hatten, zerstreuten sich die Begleiter und jeder ging in eine andere Richtung. Ohne sich von seinen Begleitern zu verabschieden, verschwand auch der Stadtprediger nach Hause.

Ein alter Wunsch

من از بیگانگان هر گز ننالم ـ که با من آنچه کرد آن آشنا کرد

Nie beklage ich mich über Fremde.
Alles was mir zugefügt wurde, hat jener Bekannte getan.

Seit vielen Jahren hegen die Einwohner von Nimroz den Wunsch, ihre Regierung möge ernsthaft etwas unternehmen, um die Provinz vor der großen Bedrohung, vor den materiellen und physischen Schäden zu schützen, die jedes Jahr durch die periodischen Hochwasser des Flusses Hilmand entstehen, damit diese alte Region, die in vergangenen Zeiten als Kornkammer und Garten Asiens bekannt war, wieder ihren angestammten Platz einnehmen kann.[54] Die vergangenen Regierungen waren aber weit davon entfernt, sich um den Wohlstand Afghanistans zu kümmern und ließen deshalb auch das Wohlergehen der Provinz Nimroz unbeachtet. Weder in der Hauptstadt noch in der kleinsten Lokalverwaltung wurde irgend etwas unternommen, um den Wünschen der Einwohner von Afghanistan und damit auch den Problemen der Bewohner dieser Provinz Aufmerksamkeit zu schenken. In der Vergangenheit waren der verstorbene Muhammad Da'ud Chan[55] und Abdullah Chan, der ehemalige Gouverneur der Provinz Farah, der das heutige Nimroz als Provinzbezirk einmal

---

[54]Zur Wasserfrage in Nimroz siehe auch die Ausführungen weiter oben im Text auf Seite 9 ff.
[55]Sardar Muhammad Da'ud Chan (1909-1978), Cousin und späterer Schwager von König Muhammad Zahir Schah, war ab 1953 Premierminister Afghanistans, bis der König 1963 seinen Rücktritt verlangt und Muhammad Yusuf zum Premier ernannte. Am 17. Ju-

zugeordnet war[56], die zwei einzigen Personen, die ein gewisses Interesse am Erblühen von Nimroz zeigten. Die heutige Region von Mil-i Kurki, die sich im Lauf vieler Jahre in ein einziges Schilfdickicht verwandelt hatte, war zum ersten Mal dank des Engagements des verstorbenen Da'ud Chan kultiviert worden. Tausende heimatloser und umherwandernder Familien bekamen Häuser in dieser Gegend und konnten ein einigermaßen sorgenfreies Leben beginnen. Sardar Da'ud Chan hat mit dem Ausbau des Da'ud-Kanals, der heute unter dem Namen Schila-i Tscharch bekannt ist, das Bewässerungssystem des Bezirks Mil-i Kurki in Ordnung gebracht, das Ackerland in kleine Parzellen mit der Bezeichnung *tikat*[57] aufgeteilt und diese Grundstücke an Bauern verteilt, die gar keinen oder nur wenig Boden besaßen. Über mehrere Jahre hinweg war eine stetige Verbesserung der Situation im Verwaltungsbezirk Mil-i Kurki zu beobachten. Mit dem Bau einer Straße von Tschachansur über Mil-i Kurki, Sulayman und Dschuwayn wurde eine Verkehrsverbindung nach Farah geschaffen, und die Menschen konnten auch leichter reisen.

Doch wie ein Dichter sagte:

خوش درخشید ولی دولت مستعجل بود

Er hat schön geglänzt, aber aber es war eine kurze Herrschaft.

Es waren kaum einige Jahre vergangen, als nicht nur Mil-i Kurki, sondern große Teile der ganzen heutigen Provinz Nimroz, also des damaligen Tschachansur, von den Frühjahrshochwassern des Hilmand, des Chaschrud und des Farahrud überspült wurden und im Schilfdickicht verschwanden. Doch niemand erhörte die Hilferufe der Bewohner von Nimroz.[58]

In der [zweiten] Regierungszeit von Da'ud Chan[59] richtete der Staat ein weiteres Mal seine Aufmerksamkeit auf die Lage in Nimroz und ergriff

---

li 1973 nutzte Muhammad Da'ud die Abwesenheit des Königs wegen einer Europareise zum Putsch und rief die Republik aus, in der er bis zu seiner Ermordung am 27. April 1978 das Präsidentenamt innehatte. Die obigen Ausführungen beziehen sich auf seine erste Regierungszeit als Ministerpräsident Afghanistans.

[56]Nimroz wurde 1964 im Zuge einer Verwaltungsreform zu einer eigenständigen Provinz erklärt.

[57]*Tikat* – von Englisch: „ticket".

[58]An dieser Stelle fehlen im Manuskript möglicherweise zwei Seiten, denn auf Seite 86 folgt sofort Seite 89. Der Text lässt jedoch keinen inhaltlichen Bruch erkennen, so dass vielleicht nur ein Nummerierungsfehler vorliegt.

[59]Hier ist die Zeit nach dem Staatsputsch von 1973 bis 1978 gemeint, als Sardar Muhammad Da'ud Chan in der von ihm ausgerufenen Republik das Amt des Präsidenten bekleidete.

Maßnahmen, um die Menschen vor den Hochwassern zu retten. In der Absicht, mit dem Staudamm Kamal-Chan ein historisches Bauwerk zu errichten, den Hilmand auf diese Weise zu bändigen und sein Wasser vernünftig zu nutzen, wurden ernsthafte Maßnahmen eingeleitet.[60] Zuerst wurden entsprechend dem Bedarf Wohnstätten für die Staatsbediensteten und für die Ingenieure errichtet, dann wurden im Ausland für mehrere Millionen US-Dollar Baugeräte und Baumaterialien zur Errichtung des Kamal-Chan-Staudamms gekauft und in das Gebiet von Kamal-Chan gebracht. Da'ud Chan wollte in seiner Regierungszeit die Grundlagen für die Fertigstellung des Kamal-Chan-Staudamms legen, um den erblühenden Wohlstand von Nimroz selbst erleben zu können. Er selbst hatte immer wieder gesagt:

گر بماندم زنده خواهم دوخت جامهری کز خراق پاک شده

ور بمردم عذر بپذیر ای بسا آرزو که خاک شده

Wenn ich am Leben bleibe,
werde ich eine Mütze ohne Löcher nähen.
Wenn ich sterbe, verzeiht mir.
Oh, so viele Hoffnungen wurden begraben.[61]

Doch dieser Wunsch von Da'ud Chan und den Einwohnern von Nimroz sollte nicht in Erfüllung gehen. Da'ud Chan nahm ihn mit ins Grab. Als

---

[60]Da sich die Endseen des Hilmand über die Grenze Afghanistans nach Iran erstrecken, war die Nutzung des Hilmand-Wassers Jahrzehnte lang ein großer Streitpunkt in den afghanisch-iranischen Beziehungen. Die hier erwähnten wasserbaulichen Maßnahmen wurden schließlich durch einen Vertrag ermöglicht, den Iran und Afghanistan 1973 zur Regulierung des Hilmand-Wasserverbrauchs abschlossen. Der von Da'ud Chan initiierte Siebenjahres-Wirtschaftsplan für die Zeit von 1976 bis 1983 sah unter anderem den Bau eines großen Staudamms (Band-i Kamal Chan) am Hilmand-Delta vor. Er sollte an derselben Stelle errichtet werden, wo Jahrhunderte vorher der berühmte Band-i Rustam stand, bis er 1383 von Tamerlan zerstört wurde (siehe hierzu auch die Anmerkung auf S. 77). Vom Bau des Band-i Kamal Chan erhofften sich die Wasserplaner eine Stabilisierung der extrem schwankenden Wasserversorgung in Nimroz. Am rechten Ufer des Hilmand sollte für ackerbauliche Zwecke ein Bewässerungskanal angelegt werden. Am linken Ufer sollte Hochwasser in den Rud-i Biaban, einen ausgetrockneten Arm des Hilmand, abgeleitet werden. Siehe Erwin GRÖTZBACH: *Afghanistan. Eine geographische Landeskunde*, Darmstadt 1990, S. 350-352.

[61]Hier wurde das Gedicht in seiner direkten Bedeutung wiedergegeben. Die Wörter جامهر und خراق können aber auch „Ort" und „Wüste" bedeuten, so dass der erste Doppelvers bei einer großzügigeren Interpretation auch lauten könnte: „Wenn ich am Leben bleibe, werde ich einen Ort frei von Wüste schaffen." Diese Doppelsinnigkeit war hier sicher beabsichtigt.

58

nach dem Ende der Da'ud-Chan-Republik die Kommunisten an die Macht kamen, hörten die Menschen in der Provinz Nimroz Losungen wie [auf Paschto] *kōr, kālī, ḍoḍey* oder [auf Persisch] *xāna, libās-u nān*, also „Häuser, Kleidung und Brot!", und glaubten, dass sie nun, so Gott will, von all ihren Nöten erlöst würden und dem Leid der vergangenen Jahre ein Ende bereitet werde. Sie dachten auch, dass alle Geräte und Baumaterialien, die für viele Millionen Dollar im Ausland gekauft wurden und für die Errichtung des Kamal-Chan-Staudamms bereitstanden, bewacht und gepflegt würden.

Solange der Verwaltungsbezirk Tscharburdschak von kommunistischen Kräften regiert wurde, war extra ein Militärbataillon abkommandiert, um alles, was mit dem Geld und dem Blut der Menschen für die Errichtung des Kamal-Chan-Staudamm angeschafft und in die Region gebracht worden war, zu beschützen. Als die kommunistische Regierung nach einigen Jahren militärischer Wirren so genannte Friedenszonen[62] einrichtete, wurde auch der Verwaltungsbezirk Tscharburdschak zu einer solchen Friedenszone erklärt, womit dieses Gebiet jedoch indirekt den Mudschahedin der Region überlassen wurde. Damals wurden auch alle militärischen Einheiten, die das Material und die Geräte für die Errichtung dieses Staudamms bewachen sollten, abgezogen und in anderen Provinzen des Landes stationiert.

Die Mudschahedin von Nimroz, die wie hungrige Wölfe jahrelang nur auf eine günstige Gelegenheit zum Angriff gewartet hatten, nahmen den Verwaltungsbezirk Tscharburdschak sofort ein. Trotzdem gaben die Menschen ihre Hoffnung nicht auf, denn die Mudschahedin stammten aus ihrer eigenen Region und an ihrer Spitze standen einige aufgeklärte und gebildete Personen aus Nimroz. Aber:

ما ز یاران چشم یاری داشتیم ـ خود غلط بود ما می پنداشتیم

Wir erwarteten Hilfe von unseren Freunden,
doch was wir dachten, war ein Fehler.

Es sollte nicht lange dauern, bis die Mudschahedin und ihre Verbündeten begannen, mit ihren eigenen Händen ihre eigenen Häuser zu zerstören, bis

---

[62]In der zweiten Hälfte der 1980er Jahre leitete der damalige Vorsitzende der Demokratischen Volkspartei Afghanistans [Daktar] Nadschibullah die so genannte Politik der nationalen Aussöhnung (*āštī-yi millī*) ein, die im Interesse einer Einstellung der Kampfhandlungen auch den Rückzug der Regierungstruppen aus einzelnen Gebieten vorsah. Gegenden, die auf diese Weise befriedet werden konnten, galten offiziell als entmilitarisiert und wurden als *manātiq-i sulh*, „Friedenszonen", bezeichnet.

sie alle Vorräte und technischen Ausrüstungen raubten, die einmal für die Errichtung des Kamal-Chan-Staudamms angeschafft und bereit gehalten worden waren. In kürzester Zeit luden sie alles auf LKW-Karawanen und brachten es ins Ausland, um es zu verkaufen. Damit zerstörten sie auch alle Hoffnung auf ein Erblühen ihrer Heimat, auf alles, worauf sie selbst und ihre Söhne jahrelang gewartet hatten. Alles, woran ihre Väter und Großväter bis zum letzten Moment ihres Lebens ihre letzte Hoffnung geknüpft hatten, mussten sie letztlich mit ins eigene Grab nehmen.

Ich weiß nicht, wie diejenigen, die sich Mudschahed nennen und nach den Regeln der heiligen Religion des Islam einen Dschihad führen, diese räuberischen Aktivitäten, diese Überfälle auf Haus und Gut und die Zerstörung ihrer eigenen Häuser bezeichnen. Was werden die, die unter dem Namen eines Mudschahed durch den Verkauf der Materialien und Gerätschaften vom Kamal-Chan-Staudamm-Projekt Millionen Dollar, Kaldar und Tuman verdient und dafür im Ausland schöne Paläste und moderne Villen erworben haben, die die Welt für sich zu einem Paradies und für die anderen zu einer Hölle gemacht haben, heute als aufgeklärte und gebildete Mudschahedin ihrem Volk sagen. Und was werden sie wohl morgen vor Gott sagen, von dem sie behaupten, dass sie diesen Krieg für ihn geführt haben?

Mulla Muhammad Rasul, Hakim von Nimroz

Nach Scher Malang wurde die Verwaltung der Provinz Nimroz an einen der Kriegskameraden des so genannten Mudschahed Mulla Umar mit Namen Mulla Muhammad Rasul Mudschahed[63] übergeben. Mulla Muhammad Rasul Mudschahed war seit langem in Kriegs- und Friedenszeiten ein enger Verbündeter von Mulla Umar. Beide verfolgten stets dieselben Interessen, und so ist auch die Ähnlichkeit ihrer Namen gewiss kein Zufall. Der einzige Unterschied besteht darin, dass sich Mulla Muhammad Rasul gegenüber den Befehlen und Anweisungen seines Emirs[64] meistens ziemlich gleichgültig verhielt und diese kaum umsetzte. Das ging so weit, dass er sich sogar weigerte, einzelne Ernennungen auf bestimmte Posten [in der Provinzverwaltung] zu akzeptieren, die in Kandahar beschlossen worden waren. Die Tatsache, dass er sich kaum um die Angelegenheiten des so genannten islamischen Emirats scherte, bezeugt nicht nur sei-

---

[63]Im weiteren Text kann der Name dieser Person auch in den gekürzten Formen Mulla Muhammad Rasul oder nur Mulla Rasul vorkommen.

[64]Gemeint ist Mulla Umar, der sich 1996 den Titel *Amīr al-mu'minīn* (wörtl.: „Oberhaupt der Gläubigen") zugelegt hatte. Siehe hierzu Seite 21.

60

ne Hochnäsigkeit, sondern auch seine generelle Unbedarftheit in Verwaltungsfragen.

Mulla Rasul, der wie sein Emir ein beschädigtes Auge hatte und Gut und Böse deshalb nur mit einem Auge unterscheiden konnte, war von mittlerem Wuchs. Er ordnete sich den Nurzay-Paschtunen zu.[65] Unter den Mitgliedern der von Pakistan initiierten militärischen Bewegung [der Taliban] konnte er sich rühmen, wenigstens etwas Bildung zu besitzen. Dabei konnte er eigentlich gar nicht lesen und kaum mehr als seinen eigenen Namen schreiben, obwohl er ein Zeugnis besaß, wonach er einige Jahre zuvor bei Hadschi Achundzada islamische Wissenschaften studiert habe. Doch so wie Hafizullah Amin als treuer Schüler seines Lehrers Nur Muhammad Taraki diesen seinen Lehrer aus lauter Treue und Verehrung mit der kalten und weichen Waffe eines Kopfkissens von allen politischen und sonstigen Nöten befreit und ins Jenseits befördert hatte[66], so verurteilte auch Mulla Muhammad Rasul seinen eigenen Lehrer Hadschi Achundzada unter dem Vorwurf der Bestechlichkeit während dessen Tätigkeit am Gericht von Nimroz zu einigen Monaten Gefängnishaft und ließ ihn höchstpersönlich in den Kerker werfen. Natürlich war dies nur ein Vorwand, doch der wahre Grund für diesen Konflikt zwischen einem Schüler und seinem Lehrer wurde nie bekannt. Es muss jedoch einen anderen Grund gegeben haben, denn das Gericht von Nimroz war ein Ort, an dem gewöhnlich Angelegenheiten geklärt wurden, die vor allem Paschtunen betrafen. Meistens handelte es sich dabei um Mord, Diebstahl, Raub, Familien- und Stammesfehden oder Drogenhandel. Erst später, nachdem der damals bereits über siebzig Jahre alte Hadschi Achundzada bereits einige Monate im Gefängnis gesessen hatte, wurde seine Unschuld erwiesen, worauf er freigelassen und wieder als Kadi am Gericht von Nimroz eingesetzt wurde. Und derselbe Schüler, der ihn zuvor ins Gefängnis werfen ließ, stellte ihn nun wieder als seinen Lehrer vor und ließ sich von ihm in islamischen Wissenschaften unterrichten.

Mulla Rasul war überhaupt ein sehr unnachgiebiger Mensch, der auch dann noch an seinen Beschlüssen und Entscheidungen festhielt und sie mit

---

[65]Damit nahm er für sich auch dieselbe Stammeszugehörigkeit in Anspruch wie Mulla Umar (oder ihm wurde dieselbe Stammeszugehörigkeit zugeschrieben). Die Nurzi (auch: Nurzay) gehören zum Pandschpau-Zweig der Durrani-Paschtunen und sind traditionell in den Provinzen Kandahar, Farah und Herat beheimatet.

[66]Gemeint ist die Tötung von Nur Muhammad Taraki (1917-1979), der nach dem Putsch im April 1978 als Generalsekretär der Demokratischen Volkspartei Afghanistans das Amt des Präsidenten und bis März 1979 auch des Premierministers innehatte. Er wurde am 8. Oktober 1979 umgebracht. Diese Tat soll von dem rivalisierenden Parteifreund und Nachfolger im Amt des Premierministers Hafizullah Amin (1929-1979) in Auftrag gegeben worden sein.

aller Härte durchsetzte, wenn sie sowohl den Menschen wie auch den Geschicken des islamischen Emirats offensichtlichen Schaden zufügten. Anderen gegenüber ließ er sich als eine entschlossene und rechtschaffene Person feiern, die sich gegenüber Unterschieden in Sprache, Religion, Stammeszugehörigkeit und regionaler Herkunft stets neutral verhalte. Sein tatsächliches Benehmen zeigte ihn jedoch als einen rassistischen Stammes- und Lokalpatrioten, der jedes Recht missachtete.

Ein Beispiel: Obwohl Dari offizielle und religiöse Sprache in der Region war und bis heute in allen islamischen Schulen und an allen Universitäten gelehrt wird, obwohl Dari schon vor Hunderten von Jahren zur offiziellen Sprache Afghanistans erklärt worden war und bis heute alle Schriftlichkeit in den staatlichen Behörden und in privaten Büros in dieser Sprache geführt wird, obwohl diese Sprache eine reiche Literatur besitzt und jeder stolz ist, der diese Sprache versteht – trotz alledem würde Mulla Muhammad Rasul wegen seines Fanatismus gegenüber der Sprache Dari und ihren Sprechern selbst mit einem paschtunischen Dari-sprachigen Analphabeten, der weit weg von seinen paschtunischen Landsleuten in einem entfernten Winkel des Landes wohnt und aus diesem Grund kein Paschto beherrscht, niemals Dari sprechen oder gar ein Bittgesuch auf Dari anhören. Wie peinlich, dass der Hakim einer Provinz das Datum beim Unterschreiben offizieller Briefe auf Englisch schreibt und einen Dolmetscher braucht, wenn er sich mit den Menschen unterhalten möchte, die er regiert.

Der wirkliche Grund, warum unsere ungebildeten paschtunischen Landsleute kein Interesse für Sprache und Literatur des Dari zeigten, bestand darin, dass sie auf diese Weise ihre stammesmäßige und sprachliche Überlegenheit gegenüber den anderen in Afghanistan lebenden Völkerschaften demonstrieren wollten. Wenn bei der Führung des Landes eine solche Denkweise gepflegt wird, wonach die verschiedenen Völker und Stämme nicht geeint werden, sondern statt dessen Feindschaft und Rachsucht geschürt und stammesmäßige Privilegien gepflegt werden, dann führt das letzten Endes zum Verfall des ganzen Landes.

Unnachgiebigkeit, die leider eine weit verbreitete Eigenschaft bei vielen unserer Landsleute darstellt, war bei Mulla Muhammad Rasul besonders stark ausgeprägt. Es ist wohl keine Übertreibung, wenn man sagt, dass er hundert mal starrsinniger und unnachgiebiger war alle als anderen. Er sagte: „Ich habe in Ghurghuri eine neue Stadt gegründet. Alle Menschen vom Ackerbauern bis zum Händler, vom Wohlhabenden bis zum Armen, ja auch jene, die einige Kilometer von Ghurghuri entfernt wohnen, und vor allem die Einwohner von Zarandsch müssen in Ghurghuri Läden und

Häuser einrichten, um diesem Ort ein städtisches Antlitz zu verleihen.“[67]
Er dachte jedoch nie daran, welche Anstrengungen und welche Mühen das
für die Menschen bedeutete. Niemandem war es fortan gestattet, Häuser
in Zarandsch zu erwerben oder dort ansässig zu werden, selbst wenn er
dort arbeitete und seine ganze Lebensgrundlage in dieser Stadt hatte. Sogar diejenigen, deren Väter und Großväter von dort stammten, die Grund
und Boden in Zarandsch besaßen, wurden gezwungen, für sich und ihre
Familien in Ghurghuri Häuser zu errichten und in der Ackerbauperiode
jeden Tag von Ghurghuri nach Zarandsch zu fahren, um ihre Felder zu
bestellen. Und all das geschah einzig und allein aus Zorn, Starrsinn und
Feindseligkeit gegenüber den Menschen. Auf Paschto gibt es ein Sprichwort, und zwar sagt man:

په زور کلی نه کیږی

Mit Gewalt kann man kein Dorf errichten.

Und auf Persisch heißt es:

چراغ ظلم تا دم محشر نمی سوزد ـ اگر سوزد شبی سوزد شب دیگر نمی سوزد

Die Lampe der Grausamkeit brennt nicht bis zum Jüngsten Gericht.
Und wenn sie brennt, brennt sie eine Nacht
und in der nächsten Nacht nicht.

Zwang und Gewalt haben auf Dauer noch nie Früchte getragen, doch Mulla Muhammad Rasul versuchte, jeden seiner Wünsche mit jeder erdenkli-
chen Form von Gewalt gegenüber den anderen Menschen durchzusetzen.
Das himmlische Buch der Religion des Islam hat allen Menschen den Weg
der Güte gewiesen und Vertretern aller Schichten, den Regenten und den
Regierten, den Königen und den Untertanen, den Reichen und den Armen
die besten Anweisungen gegeben. Doch die heutigen Machthaber von Afghanistan sehen Grausamkeit und Ungerechtigkeit als verdienstvolle Tat
an, gute Taten dagegen als Sünde. Ach, wenn sie nur ein wenig Ahnung
von den Richtlinien und Anweisungen der heiligen Religion des Islam be-
säßen!
 Im Buch von den tausendundeinem Hadith lesen wir:

---

[67]Die Stadt Ghurghuri, die von den Taliban mitten in der Wüste quasi aus dem Nichts
geschaffen wurde, liegt ca. 60 km nordöstlich von Zarandsch. Zur Verlegung des Provinzzentrums siehe auch die Anmerkung auf S. xvi sowie weiter unten im Text S. 80 ff.

1. Der größte Verrat ist, wenn der Herrscher einer Region oder der Verwalter einer Stadt seine Untertanen verkauft.

2. Die schlechtesten Menschen sind am Tag des Jüngsten Gerichts diejenigen, vor deren Worten oder schlechten Taten sich die Menschen in der Welt fürchten.

3. Ihr seid alle Söhne von Adam, und Adam wurde aus Erde geschaffen. Deshalb vermeidet es, auf eure Väter und auf euer Geschlecht stolz zu sein.

4. Für jede Sache gibt es ein Unheil, das diese Sache zugrunde richtet. Das Unheil der Religion des Islam sind die verbrecherischen Herrscher. Das heißt: Schlechte und grausame Herrscher führen zu Verderbnis und Zerstörung.

5. Die beste Tat nach dem Glauben an Gott ist die Liebe zu anderen Menschen.

6. Oh Gott! Wenn jemand für den Dienst an meiner Gemeinschaft eingesetzt wurde und den Menschen gegenüber Druck und Härte zeigt, dann zeig auch Du ihm gegenüber Härte. Wenn jemand als Herrscher über die Menschen eingesetzt wurde und den Menschen gegenüber Sanftheit zeigt, dann sei auch Du sanft zu ihm!

7. Jeder Sultan und jeder Herrscher, der an seinen Untertanen Verrat übt, gehört in die Hölle.

8. Überlege genau: Alle Menschen sind gleich. Araber und Nichtaraber, Rothäutige und Schwarzhäutige besitzen keine Vorzüge. Deine Abstammung verleiht dir keine Überlegenheit gegenüber irgendwem. Überlegenheit entsteht nur durch den Verzicht auf niederträchtige Taten.

9. Wenn die Herrscher der Muslime ihre Türen für die Bedürftigen und Mittellosen verschlossen halten, wird auch Gott seine Pforten der Vergebung und der Liebe für deren Bedürfnisse verschlossen halten.

10. Gottes Hand der Stärke und des Erfolgs ist über der Gemeinschaft.

11. Jeder, der einen Muslim peinigt, peinigt auch mich, und jeder der mich peinigt, peinigt auch Gott.

12. Wenn ich jemanden als Regent oder Herrscher einsetze, werde ich ihm das nötige Einkommen geben. Wenn er darüber hinaus etwas nimmt, wird er am Tag des Jüngsten Gerichts mit gefesselten Händen und gefesselten Füßen vor mich treten.

Solche Anweisungen und solche Leuchten auf dem Weg des Lebens, die die Menschheit vor Irrwegen und Finsternis schützen sollen, gibt es viele in der heiligen Religion des Islam – jedoch nur unter der Voraussetzung, dass das Auge nicht blind und das Ohr nicht taub ist.

اسلام به ذات خود ندارد عیبی ـ هر عیب که است در مسلمانی ماست

Der Islam hat seinem Wesen nach keinen Mangel.
Jeder Mangel, den es gibt, besteht darin, wie wir den Islam leben.

Der Rat der Ulama

In der ganzen Geschichte unserer Gesellschaft gab es immer wieder Leute, die sich um die Erlangung persönlicher Vorteile im Diesseits und im Jenseits bemühten. Die Geschichte Afghanistans, welche die qualvolle Sammlung der Geschichten aller Völker und Stämme ist, die in diesem Land leben, kann dies für jedes Volk und jeden Stamm bezeugen. Zur Genüge gibt es Menschen, die von der Gesellschaft geehrt und geachtet wurden und ein gutes Leben genießen durften. Und alle haben solche Personen geachtet. Doch all das wurde plötzlich wegen eines nichtigen Profits an die Feinde der Heimat und ihrer Bewohner verkauft.

Mulla Habibullah Anardaragi gehört zu jenen Menschen, die sich selbst und damit den gesamten Stamm der in Nimruz lebenden Anardaragi[68] für einen sehr geringen Preis verkauft haben. Es bleibt der Zukunft überlassen, wie sich Personen seines Schlages, die sich zum Vorsteher über die Häuser der Menschen machten, vor den wahren Eigentümern dieses Landes einmal rechtfertigen werden.

Einer der Erlasse von Mulla Umar betraf die Bildung von Räten der Ulama[69] in allen Provinzen des Landes. Die Absicht, die er damit verfolgte,

---

[68] Anardaragi – Personen, die ursprünglich aus dem Bezirk Anardara in der Provinz Farah stammen und in Nimroz nach ihrem Herkunftsgebiet unter dem Namen Anardaragi zusammengefasst werden.

[69] Ulama (Plural von Alim) – islamische Theologen und Rechtswissenschaftler.

bestand darin, alle Probleme nach den Richtlinien der heiligen Religion des Islam und auf dem Weg der Beratung mit Vertretern des Volkes zu lösen. Tatsächlich waren diese Räte der Ulama ein Vertretungsorgan der Menschen gegenüber dem Emirat und zugleich ein Vertretungsorgan des Emirats gegenüber den Menschen.

Als der entsprechende Erlass des Emirats ergangen war und auch in Zarandsch Wahlen zum Rat der Ulama stattfanden, wurde Mulla Habibullah ebenfalls die Ehre zuteil, Mitglied dieses Rates zu werden. Die Menschen hielten ihn stets für eine gute Person und glaubten, er sei jemand, der ihre Sorgen kennt und ihre Nöte teilt. Jeder Anardaragi sah es als einen Segen an, ihn in seinem Haus begrüßen zu dürfen, sei es am Morgen, zu Mittag oder am Abend. Wenn sie ihm begegneten, krümmten sich ihre Körper vor lauter ehrerweisenden Verbeugungen, und wenn er freitags von der Kanzel zu ihnen predigte, brachen sie in Tränen aus und glaubten ihm jedes Wort. Einige Anardaragi hielten ihn sogar für eine Art Propheten ohne Buch. Als er zum Mitglied des Rates der Ulama gewählt wurde, stampften sie vor Freude mit den Füßen und gratulierten sich gegenseitig.

Doch:

مهمان نخورد آنچه در راه اندیشد

Ein Gast bekommt nicht das zu essen,
wovon er unterwegs träumt.

Für die Verwaltung der Taliban, deren Anführer sich aus Absolventen von Bildungseinrichtungen der englischen Kolonialherren[70] zusammensetzten, waren die Mitglieder dieses Rates aber nur Marionetten. Um mehr Leute nach Ghurghuri zu locken, haben sie neben anderen Grausamkeiten und Ungerechtigkeiten, die sie den Menschen zum Geschenk machten, auch die Provinzverwaltung in diese Stadt verlegt. Selbst wer von Nimroz in die benachbarte Provinz Farah reisen wollte, musste nun die Straße von Zarandsch über Ghurghuri benutzen und dort erst eine Nacht verbringen, bevor er am nächsten Tag die Provinz in Richtung Farah verlassen durfte. Durch den Umweg über Ghurghuri dauerte der Weg, der über Tschachansur bislang nur sechs Stunden in Anspruch nahm, nun volle zwei Tage.

Um dieses Problem zu lösen, wandten sich die Bewohner von Nimroz an den Rat der Ulama, der ja ihr Vertretungsorgan bei der Provinzverwaltung war. Der Rat der Ulama trug die Beschwerde der Menschen bei der Provinzverwaltung vor. Ohne sich das Anliegen der Menschen auch nur

---

[70]Siehe hierzu die Anmerkung zum Stichwort „Kolonisatoren" auf S. 12.

anzuhören, schenkte die Provinzverwaltung jedem Mitglied des Rates der Ulama zwei Sack Mehl. Mulla Habib[ullah] erhielt außerdem 20 000 Kaldar Bargeld für die Behandlung einer inneren Krankheit sowie eine offizielle Einweisung in das Krankenhaus von Kandahar. Von diesem Tag an hatte der Rat der Ulama seine Funktion gegenüber den Menschen verloren, und die Leute stießen nur noch Flüche aus, wenn sie über diesen Rat sprachen. Auch Mulla Habibullah hatte den Menschen sein wahres Wesen offenbart.

معشوقه اگر که بی وفا شد ـ شرمنده از انتخاب خویشم

Wenn die Geliebte untreu wird, bin ich selbst der Blamierte ob meiner Wahl.

Tod unter Peitschenhieben

Man erzählt, dass im Monat des Widders 1379 [März/April 2000] zwei Personen zu Unrecht beschuldigt wurden, für die Gegner der von Pakistan initiierten Bewegung der Taliban Geld von Iran über die Grenze nach Afghanistan gebracht zu haben, und dafür ins Gefängnis von Zarandsch kamen. Jeden Abend nach dem Essen ging Mulla Muhammad Rasul persönlich ins Gefängnis, um diese Gefangenen auszupeitschen und auf diese Weise ein Geständnis zu erzwingen. Am dritten Tag starben beide Gefangenen im Beisein von Mulla Muhammad Rasul einen grausamen Tod. Mulla Muhammad Rasul befahl, die Toten in einer Ecke des Gefängnisses an den Füßen aufzuhängen, damit sie den anderen Gefangenen als Abschreckung dienen. Und als sei das nicht genug, sagten die Leibwächter von Mulla Muhammad Rasul, die bei der Auspeitschung dieser Gefangenen geholfen hatten, wie zum Spott in ihrer Sprache, also auf Paschto: „Wie wenig heldenhaft ihr wart! Schon nach drei Tagen habt ihr den Geist aufgegeben!"

Außerdem ordnete Mulla Muhammad Rasul dem Gefängniswächter an, niemandem zu gestatten, die toten Körper dieser beiden Gefangenen zu entfernen und zu begraben. Tatsächlich traute sich keiner der Angehörigen, die Toten zu bestatten oder auch nur in die Nähe des Gefängnisses zu kommen, weil sie fürchteten, zu Komplizen erklärt zu werden. Später wurden sie vom Mulla einer Moschee begraben, die in der Nähe des Gefängnisses liegt. Nur einige wenige Anwohner nahmen an der Bestattung teil.

Der schandvolle Knabenraub

Immer wieder zerrten die bewaffneten Männer des Wali iranische Jungen, die auf der Suche nach etwas Brot über die Grenze nach Zarandsch kamen, aus den Autos, in denen sie mitfuhren, und nahmen sie gefangen. Die Taliban haben ihre Leidenschaft für die Knabenliebe von ihren Vätern und Großvätern geerbt, denn diese war bei ihrem gesamten Volk verbreitet. Und so wurden sie in der ganzen Welt für diese und ähnliche Schandtaten berühmt. Über diese unislamischen und unmenschlichen Taten wurden zahlreiche Geschichten veröffentlicht, in denen großes Bedauern zum Ausdruck kommt. Während die Taliban mit der einen Hand das Banner des Islam hochhielten, griffen sie mit der anderen Hand nach bartlosen Jünglingen.

Der erste, der innerhalb der Führung der Provinz Nimroz öffentlich dieser Unzucht überführt wurde, war Mulla Abdulghani, der Bürgermeister von Zarandsch. Sein ganzes religiöses und weltliches Leben war darauf ausgerichtet. So passierte es eines Tages sogar, dass an seinem Sicherheitsposten wegen eines iranischen Jungen ein bewaffneter Konflikt entbrannte, der sich drei Stunden lang hinzog. Natürlich wussten alle Leute in Zarandsch, worum es ging, und die Nachricht wurde bald auch auf die andere Seite der Grenze nach Iran getragen. Um die Menschen zu beruhigen, war Mulla Muhammad Rasul gezwungen, Mulla Abdulghani aus Zarandsch abzuziehen und in seine neue Provinzhauptstadt nach Ghurghuri zu versetzen.

Die kulturelle Tragödie von Sistan

Mit seinen alten historischen Ruinen gilt die Gegend von Sistan unter den Archäologen der Welt als Paradies. Immer noch sind Zeugnisse aus den Epochen vor unserer Zeitrechnung oder aus islamischen Zeiten zu sehen, immer noch sind Spuren des alten Darangiana (des heutigen Zarandsch) zu finden, immer noch zeugen die Ruinen alter Städte von früheren Kulturen und Zivilisationen. Kurz gesagt: Jeder Winkel und jede Ecke dieser zerstörten und verfallenen Landschaft ist wie ein historisches Museum, und jeder, der dieses Museum besucht, kann ausreichend Informationen über die großen Zivilisationen finden, die es hier einmal gab.[71] Leider zeigten

---

[71]In der Zeit zwischen Ende der 1950er und Anfang der 1970er Jahre haben auch deutsche Archäologen und Kunsthistoriker umfangreiche Bestandsaufnahmen in Sistan durchgeführt. Siehe hierzu Klaus FISCHER u. a. (Hgg.): *Nimruz. Geländebegehungen in Sistan 1955-1973 und die Aufnahme von Dewal-i Khodaydad 1970*, 2 Bde., Bonn 1976; Klaus

die Regierungen und alle, die irgendwie für den Denkmalschutz verantwortlich waren, nie Interesse, diese wertvollen Reichtümer zu bewahren. Im Gegenteil: Die Feinde Afghanistans nutzten den Krieg und die fehlende Sicherheit im Land, um mit Hilfe und unter Anleitung der Feinde dieser Gegend so viel wie möglich archäologische Reichtümer zu rauben und in den Museen ihrer eigenen Länder zu lagern. Vor allem pakistanische Räuber stahlen als willfährige Diener ihrer Auftraggeber aus Islamabad viele dieser nationalen historischen Reichtümer, schickten sie ihren Herren und haben so all den anderen Verbrechen, die sie begingen, ein weiteres hinzugefügt.

Unter der Herrschaft von Mulla Muhammad Rasul erreichte die Vernichtung und Verschleppung der kulturellen Reichtümer dieser Region ihren Höhepunkt. Die bewaffneten Kräfte, die in Nimroz stationiert waren, suchten gemeinsam mit pakistanischen Archäologen, die mit modernster Technik und allen notwendigen Informationen angereist waren, die gesamte Gegend von Sistan ab, führten an allen interessanten Stellen Ausgrabungen durch und brachten die archäologischen Fundstücke nach Pakistan. Alles, was danach noch übrig war, eigneten sich Leute an, die von Archäologie kaum eine Ahnung hatten. Und diese wilden Grabungen dauern heute noch an. In jeder Ruinenstadt gibt es ein Dutzend Taliban, die auf der Suche nach irgend welchen historischen Zeugnissen, und seien diese noch so wertlos, die letzten Ruinen zerstören und ganze Städte niederbrennen. Es kommt auch vor, dass Taliban Ausländer mit gepanzerten Fahrzeugen von einer Ausgrabungsstätte zur nächsten geleiten und dort für deren Sicherheit sorgen, bis diese ihre Arbeit abgeschlossen haben. Belege hierfür gibt es sowohl aus dem Verwaltungsbezirk Kang wie auch aus der Stadt Tschachansur. In der Zeit und unter Mitwirkung der Taliban wurden die Heiligengräber von Chadschgir und Amir Ma'n Schaybani (auch bekannt als Ziyarat-i Amiran)[72] von Pakistanis zerstört, die außer-

---

FISCHER: „Überlieferungen volkstümlicher und herrschaftlicher Bauformen in Sistan", Peter SNOY (Hg.): *Ethnologie und Geschichte. Festschrift für Karl Jettmar*, Wiesbaden 1983, S. 135-147; M. KLINKOTT: *Islamische Baukunst in Afghanisch-Sīstān, mit einem geschichtlichen Überblick von Alexander dem Großen bis zur Zeit der Safawiden-Dynastie*, Berlin 1982.

[72]Das Grabmal des Heiligen Chadschgir, über denen keine Lebensdaten bekannt sind, befindet sich in Kang. Das Grabmal von Amir Ma'n Schaybani liegt ca. 30 Autominuten nordöstlich von Zarandsch in einem Ort, der nach diesem Grabmal als Amiran (wörtlich: „die Emire") bekannt ist. Bei diesem Heiligen handelt sich offensichtlich um den arabischen Heerführer Ma'n bin Zahida bin Matar bin Schurayk asch-Schaybani, der im Jahre 768 von Kalif Mansur nach Sistan entsandt wurde, nach schriftlichen Quellen aber in Bust umgebracht worden sein soll. Das Todesjahr wird mit 772 oder 774 angegeben. Zu ihm siehe L. P. SMIRNOVA (per.): *Taʿrīḫ-i Sīstān („Istorija Sistana")*, Moskva 1974, S. 424-425.

dem Raubgrabungen bei den Festungen Nuschk und Taq, in der Nähe der Stadt Ghulghula und an anderen historischen Orten durchführten. Obwohl Intellektuelle und kulturinteressierte Personen die entsprechenden Behörden der Provinz wiederholt aufforderten, der systematischen Zerstörung dieser kulturellen Reichtümer, die als nationales Erbe gelten, einen Riegel vorzuschieben, erhielten sie auf ihre Anfragen nie eine entsprechende Antwort. Nichts wurde unternommen, um die kulturlosen Räuber daran zu hindern, die Aufträge ihrer Herren auszuführen, ja, ihnen wurde sogar jede notwendige Hilfe zuteil.

Im Islam ist das Eigentum unantastbar, nicht aber bei den Taliban

Wenn man die Geschichte der Völker der Welt studiert, wird deutlich, dass kein Land aus nur einem Volk oder aus nur einer Rasse besteht, sondern dass verschiedene Völker, Rassen, Religionen und Konfessionen innerhalb der politischen Grenzen eines Landes leben und dass die Menschen keine Mühe scheuen, um brüderlich und in Eintracht ihre Ehre und die Grenzen ihres Landes zu verteidigen. Doch die von Pakistan initiierte Bewegung der Taliban, die jeglicher religiöser Bildung und jeden politischen Grundwissens entbehrt und eine Politik der Rassensäuberung verfolgt, welche sie von ihren Vorgängern übernommen hat, möchte, dass in Afghanistan nur eine Religion, eine Konfession, eine Rasse, eine Sprache und in der letzten Konsequenz nur ein Volk herrscht und alle anderen Einwohner des Landes unterdrückt werden. Deshalb verwandelten sie auf Anweisung ihrer Kolonialherren[73] das leidgeplagte Land Afghanistan für alle anderen Rassen und für alle Anhänger anderer Konfessionen in eine Hölle. In der gesamten Zeit seit der Entstehung des Landes Afghanistan, ja sogar noch länger, haben die Vorfahren auf diesem Boden mit Heldentum und Opferbereitschaft allen Angriffen mannhaft widerstanden und Heldenlieder von ihren Taten hinterlassen. Doch die Taliban wollen all dem ein Ende bereiten. Sie wollen, dass ein ungebetener Gast der Herr im Lande wird. Doch es heißt:

ترسم که به کعبه نرسی ای حاجی ـ این راه که تو میروی به ترکستان است

Ich fürchte, dass du die Kaaba nicht erreichen wirst, Pilger.
Der Weg, den du gehst, führt nach Turkistan.

---

[73]Siehe hierzu die Anmerkung zum Stichwort „Kolonisatoren" auf S. 12.

Wie auch immer, die feurige Liebe eines jungen Mädchens verführte Mulla Rasul dazu, wie in einem alten Märchen die Errichtung einer Stadt mit dem Namen Ischq-Abad, also „Stadt der Liebe" in Angriff zu nehmen, um ans Ziel seiner Wünsche zu gelangen.[74] Als er dann im Norden dieser Stadt, wo die verfallenen Wohnhäuser einiger unglückseliger Einheimischer standen, die seit Hunderten von Jahren dort lebten, einen märchenhaften Palast errichten wollte, nahm er ihnen mit Gewalt und entgegen allen islamischen Regeln, nach denen Eigentum nämlich unantastbar ist, ihren Grund und Boden, um diese Gegend von ihren angestammten Bewohnern zu befreien. Und die Leute, die dort wohnten, schickte er in ein Land, das ihnen völlig fremd war, nach Pakistan. Als er ihnen befahl, die Heimat ihrer Vorfahren so schnell wie möglich zu verlassen, sagte er wörtlich, dass sie in ihre eigentliche Heimat (nach Pakistan) gehen sollten. So sehr ihn die Menschen auch anflehten, ihre Gesuche wurden nicht erhört.[75]

Ein Augenzeuge hat berichtet, wie Mulla Rasul eines Tages mit Bulldozern und Kampfpanzern kam, um die Wohnhäuser einheimischer Brahui zu zerstören. Aus einem der Häuser kam eine alte Frau mit einem Koran in den Händen und flehte ihn an, ihr im Namen des himmlischen Buches, an das sie doch alle glauben würden, einige Tage Aufschub zu gewähren, damit sie für ihre Familie ein neues Heim herrichten könne. Ohne den Koran zu beachten, setzte Mulla Rasul die Abrissarbeiten fort. Und den Brunnen, den diese armen Leute für Millionen Afghani angelegt hatten, eignete er sich einfach an. Alle Menschen in der Gegend haben von dieser Geschichte gehört. Wie die Leute sagen, hatten die Brahui dieses Land schon zu Zeiten von Ahmad Schah Abdali[76] in Besitz genommen, als an offizielle Dokumente noch gar nicht zu denken war. Doch nun waren sie gezwungen, ihren Besitz abzugeben und selbst zu Obdachlosen zu werden.

---

[74]Gemeint ist die Gründung der Stadt Ghurghuri. Siehe hierzu auch die Anmerkung auf S. xvi und die Ausführungen auf Seite 80 ff.

[75]Gemeint ist die Vertreibung einer Gruppe von Brahui aus der Gegend von Ghurghuri. Weitere Ausführungen hierzu gibt es unten im Text auf Seite 84 ff.

[76]Ahmad Chan (später: Ahmad Schah) aus dem paschtunischen Stammesverband der Abdali, der 1747 in Durrani (von Persisch: *durr* – „Perle") umbenannt wurde, lebte von ca. 1726/27 bis 1773. Im Jahre 1747 wurde er auf einer Versammlung paschtunischer Stammesführer bei Kandahar zum ersten afghanischen König gewählt. Er wird deshalb als Gründer des afghanischen Staatswesens verehrt.

Die Behörde für die Bekämpfung von Sünde und Frevel

Die Soldaten für die Bekämpfung von Sünde und Frevel, die bei der Religionspolizei der Provinz Nimroz eingestellt waren und den wehrlosen Menschen von Nimroz mit Raub und Plünderung ihres Eigentums viel Ungerechtigkeit zufügten, haben Geschichten hinterlassen, die den künftigen Generationen der Muslime der Welt noch lange als [warnendes] Beispiel dienen werden. In der Herrschaftszeit von Mulla Muhammad Rasul Mudschahed war Mulla Abdurrahman ein berüchtigtes Mitglied dieser kulturlosen Räuberbande.

Gemeinsam mit einer Gruppe von Männern, die mit Maschinengewehren und Frisierbestecken ausgerüstet waren, zog er den ganzen Tag durch die Stadt, um die Leute von Zarandsch zu quälen und zu peinigen. Alle jungen Männer, deren Bart nicht lang genug war, warfen sie ohne zu zögern auf einen LKW und brachten sie in ein spezielles Gefängnis der Behörde für die Bekämpfung von Sünde und Frevel. Dort wurden diese jungen Männer zuerst mit Knüppeln geschlagen und anschließend wurden ihre Taschen durchsucht. Wer zu langes Kopfhaar hatte, dem rasierten sie auf einer Kopfseite alle Haare ab und peitschten ihn aus. Die meisten dieser Jugendlichen waren übrigens Iraner, von denen jeden Tag einige nach Zarandsch kamen, um Einkäufe zu erledigen. Die Behörde für die Bekämpfung von Sünde und Frevel machte aber keinen Unterschied zwischen Ausländern und Einheimischen. Die Menschen beschwerten sich bei der Provinzverwaltung von Nimroz über das Verhalten dieser Räuberbande und machten viele Eingaben, doch es gab niemanden, der das Flehen der gepeinigten und wehrlosen Menschen von Zarandsch erhört hätte.

Außerdem durchsuchten die Mitarbeiter dieser Behörde den ganzen Tag lang Läden und beschlagnahmten Waren, die nach Entrichtung der entsprechenden Einfuhrzölle ganz legal importiert worden waren. Das alles geschah mit der Behauptung, dass der Verkauf dieser Waren nach den Gesetzen des Islam nicht gestattet sei. Die beschlagnahmten Waren wurden in spezielle Läden gebracht, die ebenfalls von dieser Behörde betrieben wurden. Dort wurden die Waren verkauft und der Erlös wurde dieser Behörde überwiesen.

Mit jedem Tag nahmen die Beschwerden der Menschen zu.

Manchmal kam es vor, dass Mulla Abdurrahman nach Beginn der Ausgangssperre unter dem Schutz der Finsternis der Nacht mit einer bewaffneten Räuberbande durch die Straßen zog und an die Türen aller Häuser klopfte, deren Bewohner er für wohlhabend hielt. Dann sagte er: „Bringt euren Fernseher und eure Tonbandgeräte her!" Und wenn jemand sagte: „Ich habe keinen Fernseher. Bitte, durchsucht mein Haus!", wurde auch das nicht akzeptiert. Der Hausbesitzer war dann gezwungen, in der Stadt einen Fernseher zu kaufen und diesen bei den Soldaten für die Bekämpfung von Sünde und Frevel abzugeben. So waren nach einigen Nächten mehrere Hundert Fernseher in das Lager der Behörde für die Bekämpfung von Sünde und Frevel gekommen, von wo aus diese Geräte dann mit Personenkraftwagen in die heimatlichen Privathäuser der Mitarbeiter dieser Behörde gebracht wurden.

Die Behörde für die Bekämpfung von Sünde und Frevel war direkt dem entsprechenden Ministerium in Kabul unterstellt und hörte ausschließlich auf die Anweisungen ihres Ministers. Wiederholt ließ Mulla Muhammad Rasul die Soldaten der Behörde für die Bekämpfung von Sünde und Frevel wissen, dass sich die Einwohner bei ihm über ihr Verhalten beschweren, und versuchte, sie in Gesprächen dazu zu bewegen, die Grausamkeiten gegenüber der Bevölkerung zu mindern. Sie waren aber nicht bereit, die Anweisungen und Ratschläge des Provinzgouverneurs zu befolgen, und setzten ihre Räubereien, Plünderungen und Hausdurchsuchungen fort. Das ging so lange weiter, bis die Provinzverwaltung und der Sicherheitsdienst der Provinz die Soldaten der Behörde für die Bekämpfung von Sünde und Frevel heimlich beobachten ließen und den Leiter dieser Behörde gemeinsam mit einigen Angestellten eines Nachts auf frischer Tat beim Verkauf von Haschisch und Opium erwischten. Alle wurden vom Sicherheitsdienst entwaffnet und gefangen genommen. In ihren Wohnhäusern fand man später siebzig Kilogramm Haschisch, mehrere Kilogramm anderer Drogen und einige Fernsehgeräte.

Am folgenden Tag wurde den Einwohnern von Zarandsch verkündet, dass sie ihr geraubtes Eigentum wieder abholen dürften, doch siebzig Prozent aller betreffenden Dinge waren von den Mitarbeitern der Behörde für die Bekämpfung von Sünde und Frevel schon in ihren weit weg gelegenen heimatlichen Wohnhäusern in Sicherheit gebracht worden.

Um die Bewohner zu beruhigen, brachte Mulla Muhammad Rasul die gefangen genommenen Mitarbeiter der Behörde für die Bekämpfung von Sünde und Frevel in Ghurghuri in Sicherheit und ließ in der Stadt das Gerücht verbreiten, er habe sie ins Gefängnis gesperrt. Doch die Menschen wussten, dass sie betrogen wurden.

Ein Beispiel für Stammesfanatismus

In der Zeit der Herrschaft der Mudschahedin war mit Mitteln der einheimischen Bevölkerung ungefähr zwei Kilometer südlich von Zarandsch in der Nähe der Festung Muhammad eine Schule für islamische Wissenschaften gegründet worden, zu der auch ein Studentenwohnheim gehörte. Viele junge Männer, die vor allem aus den einzelnen Verwaltungsbezirken der Provinz Nimroz stammten, haben dort gelernt und wurden von einigen qualifizierten Maulawi[77] unterrichtet, die zum belutschischen Stamm der Nuhtani gehörten.[78] Die Kosten für den Unterhalt dieser Schule wurden von wohlhabenden Gönnern aus der Bevölkerung getragen, die ein gewisses Interesse an Wissenschaft und Kultur besaßen und außerdem hofften, auf diese Weise Gottes Zufriedenheit zu erlangen. Doch die Tätigkeit dieser Schule war von Anfang an der fanatischen Politik jener Gruppen ausgesetzt, die später über Nimroz herrschten. Je mehr Zeit verging, um so stärker wurde das Misstrauen, das die Taliban gegenüber dieser Schule hegten, so dass sie schließlich sogar Pläne schmiedeten, die Schule irgendwie zu schließen. So wurde der Vorwurf erhoben, die Schule unterhalte Kontakte zu ausländischen politischen Bewegungen, oder gegen die Lehrer dieser Schule wurden irgendwelche anderen Anschuldigungen erhoben. Trotz all dieser Hindernisse und Schwierigkeiten konnte diese Schule ihre Tätigkeit mehrere Jahre lang fortsetzen, und die erste Studentengeneration war bereit, die Zeremonie des Turbanbindens zu vollziehen.[79] Auch der Provinzgouverneur und andere leitende Vertreter der Provinzverwaltung waren eingeladen, um an dieser Zeremonie teilzunehmen. Doch außer einigen Anwohnern nahm leider niemand an dieser Feier teil. So verzichtete auch Mulla Muhammad Rasul einzig und allein wegen seiner Sturköpfigkeit und wegen seiner fanatischen Haltung gegenüber der einheimischen Bevölkerung und insbesondere gegenüber den Belutschen darauf, an der Zeremonie des Turbanbindens für die Absolventen dieser islamischen Schule teilzunehmen, und zog es stattdessen vor, auch weiterhin alles zu versuchen, um der Existenz dieser Schule irgendwann doch noch ein Ende zu bereiten.

---

[77] Maulawi – Lehrer islamischer Wissenschaften.

[78] Nuhtani (auch: Notani oder Noṭani) – belutschischer Stamm, dessen Mitglieder vor allem in Afghanistan und Pakistan, vereinzelt auch in Iran und Turkmenistan leben. In der eigenen Überlieferung wird der Stammesname damit erklärt, dass ihr gemeinsamer Stammvater neun (Belutschi: *nuh*) tapfere Söhne hatte. Aus der Wortverbindung *nuh tan* – „neun Personen" sei später der Name Nuhtani entstanden.

[79] Turbanbinden (*dastārbandī*) – Zeremonie, bei der die Absolventen einer islamischen Schule zum feierlichen Abschluss ihrer Ausbildung einen weißen Turban aus weichem Mull anlegen, der als Kennzeichen eines islamischen Gelehrten gilt.

Wie die Bevölkerung von Tschachansur in den Krieg ziehen oder ihr gesamtes Hab und Gut an Paschtunen abtreten sollte

Die Bevölkerung des Verwaltungsbezirks Tschachansur besteht aus Belutschen. Diese Menschen verfügen über einige besondere Eigenschaften, die in anderen Teilen der Provinz in diesem Maße seltener zu finden sind. Hierzu gehören vor allem ihre selbstlose Gastfreundschaft und ihr ausgeprägter Edelmut, den sie von ihren Vorfahren übernommen haben. Gleich ob sie wohlhabend sind oder arm, kein Reisender und kein Passant kommt an ihren Häusern vorbei, ohne nicht wenigstens etwas Brot zu essen, etwas Wasser zu trinken oder irgend eine andere Hilfe und Unterstützung zu erfahren. Aus diesem Grund werden viele Personen aus dieser großherzigen, Brot und Wasser spendenden Bevölkerungsgruppe als *saxī*, also „freigebig", „edelmütig", „großherzig" bezeichnet, wie zum Beispiel der verstorbene Sachi Allahdad Chan, Sachi Abdurrahman Chan und andere.[80]

Eine andere Eigenschaft dieser Menschen ist ihre Aufrichtigkeit, ihr unbeirrbarer islamischer Glaube, ihre Furchtsamkeit vor Gott und dem Jüngsten Gericht, also ihre Standhaftigkeit in religiösen Dingen. Die meisten von ihnen sind Anhänger von Sufi-Gemeinschaften, wobei die Anhänger der Qadiriya[81] gegenüber anderen Orden dominieren. Sie verachten den Krieg und führen ein friedvolles Leben ohne Zwist und Streitigkeiten. Doch wegen des Bürgerkriegs und der langen Trockenperioden waren auch die Menschen von Tschachansur schon vor vielen Jahren gezwungen, ihre Häuser aufzugeben und in fremde Gegenden auszuwandern.

Eines Tages ordnete Mulla Muhammad Rasul an, jedes Dorf solle einen Mann für den Kriegsdienst bereitstellen. In Tschachansur gab es aber niemanden, der in den Krieg ziehen konnte. Alle jungen und gesunden Männer waren auf der Suche nach einem Stück Brot in fremde Gegenden gegangen. Zurückgeblieben waren nur Frauen, alte Männer und Invaliden. Deshalb reichten diejenigen, die noch in Tschachansur lebten, bei der Provinzverwaltung ein Gesuch ein, dass man Gnade erweisen und sie von dieser schweren Last befreien möge. Unter den schwierigen Bedingungen dieser Zeit könnten sie selbst das Allernotwendigste, was sie zum Leben brauchen, kaum mehr erwirtschaften, und man möge ihnen deshalb zu all

---

[80]Das Wort *sachi* kann wie ein Ehrentitel vor einen Personennamen gestellt werden.

[81]Qadiriya – Sufi-Orden, der auf den Prediger Abd-al-Qadir al-Dschaylani (1077-1166) zurückgeht und sich am Ende des 18. Jahrhunderts formierte.

den ohnehin schon vorhandenen Problemen nicht noch diese zusätzliche Last aufbürden, sondern ihnen gestatten, ihre ärmlichen Felder zu pflügen, bis die jungen Männer zurückkehren würden. Ohne sich ihr Gesuch anzuhören oder auch nur das geringste Mitleid zu zeigen, sagte Mulla Muhammad Rasul zu ihnen, sie sollten entweder einen kampffähigen Mann zur Verfügung stellen oder ihr gesamtes Hab und Gut an jene Paschtunen abtreten, die bereit seien, Kämpfer zu entsenden. Als sie diese Antwort hörten, waren alle noch verbliebenen kampfunfähigen Männer, Invaliden, Greise, Frauen und Kinder gezwungen, den Weg der Heimatlosigkeit zu wählen, ließen ihre Häuser und Dörfer zurück und zogen ebenfalls in fremde Gegenden.

Der fanatische Hass von Mulla Muhammad Rasul gegen die Bevölkerung von Nimroz

Früher war es üblich, dass alle, die einen Posten in der staatlichen Verwaltung innehatten, ihrem Vorgesetzten monatlich Bericht über ihre Arbeit gaben, ihn auf diese Weise über ihre Tätigkeit und sonstige Vorkommnisse informierten und zugleich Anweisungen erbaten, wie das eine oder andere Problem zu lösen sei. Auf diese Weise waren die Vorgesetzten einerseits in regelmäßigem Kontakt mit ihren Angestellten und konnten andererseits operative Anweisungen erlassen, die den Gegebenheiten des Ortes und der Zeit entsprachen.

Zu Beginn der Herrschaft der Taliban hielten die Angestellten des so genannten Emirats diese Arbeitsweise aufrecht, doch den Taliban, die von staatlicher Administration überhaupt keine Ahnung hatten, war dies wie auch viele andere Verwaltungsangelegenheiten sehr befremdlich.

Im Monat des Widders des Jahres 1379 [März/April 2000] verfassten Mitarbeiter der Bezirksverwaltung von Tschachansur einen umfangreichen Bericht über die anhaltende Trockenheit und deren verheerende Folgen für die dort lebenden Menschen und ihre Nutztiere, ja sogar für die wilden Tiere, die entweder einfach verendeten, weil sie in den Schilfdickichten kein Wasser mehr fanden, oder auf der Suche nach Wasser in die Dörfer kamen, wo sie Mensch und Tier bedrohten. Dieser Bericht wurde über den stellvertretenden Leiter der Sicherheitskommandantur des Bezirks an die zuständige Abteilung bei der Provinzverwaltung weitergeleitet, die sich damals noch in Zarandsch befand.

Als der stellvertretende Sicherheitskommandeur den Bericht überreichte, gab er dem Wali auch einen mündlichen Rapport über die allgemeine Sicherheitslage im Bezirk und über all das, was im schriftlichen Bericht stand, denn der Provinzgouverneur verfügte nicht über ausreichende Schriftkundigkeit und konnte außer seiner eigenen Unterschrift nichts schreiben. Deshalb verlangte er, dass man ihm alles mündlich darzulegen habe, und verzichtete darauf, irgend welche Akten lesen zu müssen.

Nachdem der stellvertretende Sicherheitskommandeur von Tschachansur also alles in mündlicher Form geschildert hatte, sagte Mulla Muhammad Rasul zu ihm: „Gibt es bei euch im Bezirk auch so viele Schweine wie im Provinzzentrum?" Der stellvertretende Sicherheitskommandeur verstand nicht so recht, was Mulla Muhammad Rasul damit meinte, und sagte: „Ich weiß nicht, wahrscheinlich sind es nicht so viele." Darauf sagte der Wali [auf Paschto]: *delta xō pe har dukān kē yau sarkūzay nāst dey* – „Hier sitzt doch in jedem Laden ein Schwein herum." Nun war dem stellvertretenden Sicherheitskommandeur klar geworden, was gemeint war, doch er wusste immer noch nicht, weshalb er die reinherzigen und edlen muslimischen Bewohner dieser Stadt mit Schweinen vergleichen sollte.

Mulla Muhammad Rasul, der die menschenverachtende Politik des stammesmäßigen und konfessionellen Fanatismus von Scher Malang übernommen hatte, konnte eben nur so reden, wie es seinem Wissensstand entsprach. Wenn er auch nur eine Kleinigkeit darüber gewusst hätte, welcher Platz dem Menschen im heiligen Buch des Koran zugemessen wird, hätte er niemals einen so unpassenden Vergleich getroffen. Wie bereits geschildert wurde[82], hatte Scher Malang zu der Zeit, als er in Nimroz regierte, bei einer religiösen Feier einmal zu den versammelten Menschen gesagt, dass er glaube, vor einer großen Menge Franzosen zu stehen, weil sie sich nach französischer Mode kleiden würden, und dass er vor solchen Leuten keine Rede halten wolle. Leider wusste der arme Scher Malang nicht, dass Franzosen stets Anzüge europäischen Schnittes trugen, was ja auch ihre traditionelle Kleidung war, und keine langen Hemden und Pumphosen, wie sie die Menschen in Afghanistan tragen. Doch so schlimm war es nun einmal um die Weltgewandtheit der damaligen Herrscher von Afghanistan bestellt!

---

[82]Siehe die Ausführungen ab S. 40.

Zarandsch – eine Stadt, die in ihrer Geschichte dreimal den lüsternen Begierden mächtiger Herrscher zum Opfer fiel

Vor langer Zeit wollte Hafiz-i Schirazi[83] für das Schönheitsmal seines Geliebten die Städte Buchara und Samarkand verschenken. So schrieb er:

اگر آن ترک شیرازی به دست آرد دل ما را

به خال هندو اش بخشم سمرقند و بخارا را

Wenn dieser Türke aus Schiraz mein Herz erlangt,
gebe ich für sein indisches Schönheitsmal Samarkand und Buchara hin.

Samarkand und Buchara waren damals als Zentren von Wissenschaft, Kultur und Religion in der ganzen Welt berühmt. Deshalb waren sie für Hafiz das wertvollste, was er seinem Geliebten hätte schenken können, um ihm auch nur annähernd gerecht zu werden.

Zarandsch war schon lange Zeit vor Hafiz das Zentrum von Sistan und galt damals in der ganzen Welt als Garten und Kornkammer Asiens. Seit Hafiz sind noch einmal viele Jahrhunderte vergangen. Im Verlauf dieser langen Geschichte ist die Stadt Zarandsch dreimal wegen der unreinen Liebe und lüsternen Begierden mächtiger Herrscher dem Boden gleich gemacht worden.

So sagt man, dass es Tamerlan, als er in Sistan einmarschierte, trotz wiederholter Versuche zunächst nicht gelang, die Stadt durch Krieg und Belagerung einzunehmen und zu besiegen.[84] Tag und Nacht grübelte er, was

---

[83]Schamsuddin Muhammad Hafiz (geboren zwischen 1320 und 1325 in Schiraz, gestorben 1388 oder 1390 ebenda) gilt als letzter großer mystischer persischer Dichter und Meister der Liebesghaselen um die Dreiheit Liebe, Liebender und Geliebter.

[84]Tamerlan zog 1383 mit seinen Truppen in Sistan ein und entmachtete den Lokalfürsten Malik Qutbuddin bin Izzuddin. In Zarandsch, der damaligen Hauptstadt Sistans, hinterließ Tamerlan umfangreiche Zerstörungen. Das heutige Zarandsch ist eine mit altem Namen versehene Neugründung aus dem Jahr 1970. Die im Mittelalter nicht weniger bedeutsame Stadt Bust wurde von Tamerlan in einem solchen Maße verwüstet, dass sie aufgegeben und nicht wiederaufgebaut wurde. Heute erinnern die Ruinen von Kalat-i Bist an diese alte Stadt. Zerstört wurde auch ein gigantischer Staudamm (Band-i Rustam), mit dessen Hilfe die Wasser des Hilmand gesammelt und in ein umfangreiches Irrigationssystem abgeleitet wurden. Auch ein vergleichbares irrigationstechnisches Bauwerk wurde an dieser Stelle bis heute nicht wiedererrichtet. Siehe hierzu auch die Ausführungen auf S. 57.

zu tun sei, um die Stadt doch noch zu erobern, denn eine Niederlage hätte seinem weltweiten Ruhm schweren Schaden zugefügt. Schließlich konnte er eine heimliche Beziehung zur Tochter eines Fürsten aus Sistan herstellen. Und diese Fürstentochter, die wegen Tamerlans Ruhms nicht nur ein Herz, sondern tausend Herzen an ihn verschenkt hatte, schoss einen Pfeil zu Tamerlan, an dem ein Brief befestigt war. In diesem Brief stand geschrieben, dass sie, wenn Tamerlan sie zur Frau nehmen würde, bereit sei, ihm einen Weg zu verraten, wie er die Festung von Zarandsch einnehmen könne. Nachdem Tamerlan diesen Brief gelesen hatte, antwortete er ihr, dass er alle ihre Wünsche erfüllen wolle. Daraufhin erklärte die Fürstentochter Tamerlan, wie die Festung von Zarandsch einzunehmen und zu besiegen sei. Tamerlan ging genau so vor, wie das Mädchen ihm empfohlen hatte, und so konnte er die Festung von Zarandsch, das Zentrum von Sistan, einnehmen. Er brachte viele Einwohner um und verwandelte die schöne Stadt in eine einzige Ruine. Das Mädchen aus Sistan aber, das die Belohnung für ihre Liebestat einforderte und hoffte, nun Tamerlans Frau zu werden, wurde von Tamerlan unter dem Vorwurf des Verrats an ihrer Heimat und an ihrem Gatten gefangen genommen und zum Tod verurteilt.

Der Wahnsinn der Liebe hatte auch den Sohn von Kamal Chan, einem früheren Herrscher der heutigen Region Tscharburdschak, dazu veranlasst, Sabir Schah, dem damaligen Herrscher über die heutige Region Sabiri, mehr Wasser aus dem Fluss Hilmand zuzusprechen, als dieser bislang erhalten hatte, nur weil er dessen Tochter begehrte. Um dieses Versprechen zu erfüllen, ließ der Sohn von Kamal Chan den Kamal-Chan-Staudamm zerstören, und seitdem ertrinkt die Region Sabiri regelmäßig in den Wasserfluten, während die Region Kamal Chan, also das heutige Tscharburdschak, wegen Wassermangels verwüstet, zerfallen und verkommen ist.

Die dritte Begebenheit spielt in der heutigen Zeit und hat die jetzige Zerstörung von Zarandsch und Nimroz zur Folge, was ebenfalls als Opfergabe eines Mädchens aus Razi-Wala für einen fremden Eroberer, und zwar diesmal für einen Pakistani, anzusehen ist.

من از بیگانگان هر گز ننالم ـ که با من هر چه کرد آن آشنا کرد

Ich beklage mich nie über Fremde
denn alles, was mir zugefügt wurde, hat jener Bekannte getan.

Nachdem Mulla Umar einen Ferman erlassen hatte, welcher den höheren militärischen und zivilen Angestellten verbieten sollte, mehr als eine Frau zu heiraten, war es genau wie in jenem Sprichwort, das da heißt:

دیوانه را گفتند خرمن را آتش مزن، گفت خوب شد به یادم دادید

Einem Verrückten wurde gesagt: „Mach kein Feuer auf der Tenne!"
Er sagte: „Gut, dass ihr mich auf den Gedanken gebracht habt."

Genauso haben auch alle verrückten Befohlenen von Mulla Umar nun gesagt: „Gut, dass du uns auf den Gedanken gebracht hast", denn die meisten von ihnen waren nun erst auf die Idee gekommen, zur Verschöne-
rung ihrer Lebenszeit unter Ausnutzung aller gegebenen Möglichkeiten
und dabei vor allem durch eine Veruntreuung der Staatskasse (Zolleinnahmen und ähnliches) genau das Gegenteil von dem zu tun, was ihnen
ihr Emir befohlen hatte. Jeder von ihnen versuchte, die Festlegungen der
islamischen Religion bis zur äußersten Grenze auszunutzen.

خواهی نشوی رسوا همرنگ جماعت باش

Willst du dich nicht blamieren, dann sei wie alle anderen!

Diesem Prinzip folgend verstieß der Emir der Taliban als erster gegen seine eigene Anweisung, um nicht hinter seinen Untertanen zurückzustehen.
Weil die Schicht der Mullas in der islamischen Welt sozusagen stets die
meisten Entbehrungen ertragen muss, sollte sie nun, da sie die Macht in
den Händen hielt, in allen Fragen des Lebens über die Stränge schlagen.
    So hatte Mulla Muhammad Rasul, der Wali von Nimroz, – ein Pakistani
im Dienste des Emirats, der sich immer als jemand aus Buldak[85] ausgab
und zu den engen Vertrauten von Mulla Umar gehörte – zwei Frauen, eine
aus Kandahar und eine aus Pakistan. Als Mulla Muhammad Rasul den
Ferman seines Emirs las, beschloss er unverzüglich, die Zahl seiner Frauen
zu erhöhen und noch ein Mädchen aus Nimroz zu heiraten, um auf diesem
Wege zugleich die Zahl seiner Verbündeten unter der Bevölkerung von
Nimroz zu vermehren und um seinen Gefährten in nichts nachzustehen.
    Nachdem sich Mulla Rasul mit diesem Anliegen an mehrere Familien
von verschiedenen einheimischen Stämmen gewandt hatte, wo er jedesmal eine ablehnende Antwort erhielt, sollte es ihm doch noch gelingen,
mit einer Familie, die sich selbst als Anardaragi ausgab und schon einige
Jahre in Razi lebte, ins Geschäft zu kommen. Er zahlte ihnen sechs Millionen Tuman und erklärte sich bereit, auch einige andere Bedingungen

---

[85]Gemeint ist die afghanische Stadt Spin Buldak, die zwischen Kandahar und Quetta
direkt an der afghanisch-pakistanischen Grenze liegt.

80

zu akzeptieren, damit sein Wunsch in Erfüllung ging. Zu diesen Bedingungen gehörte auch die Verlegung des Provinzzentrums von Zarandsch nach Ghurghuri und die Zerstörung der Stadt Zarandsch, die bislang als südwestliches Handelszentrum galt.[86]

Wenn Hafiz für ein indisches Mal die Städte Samarkand und Buchara verschenken wollte, so hatte Mulla Rasul als Gouverneur natürlich das Recht und die Kompetenz, das folgende Lied zu singen, um eine Türkin aus Razi-Wala in den Armen halten zu dürfen:

اگر ترک رزی والا به دست آرد دل ما را

به امرش میکنم ویران زرنج و نیمروز زیبا را

Wenn diese Türkin aus Razi-Wala mein Herz erobert
werde ich auf ihren Befehl Zarandsch und das schöne Nimroz zerstören.

Als ein Bote Mulla Rasul die Bedingungen überbrachte, welche die Mutter der ersehnten Braut ihm gestellt hatte, erklärte er sich sofort zu ihrer Erfüllung bereit und ließ diese von da an zum obersten Anliegen all seiner Handlungen werden.

Noch am selben Abend kam Mulla Abdulbari, Leiter der Informationsbehörde der Provinz Nimroz (später musste er wegen des Vorwurfs von Verrat und Bestechlichkeit aus der Provinz flüchten), auf Anweisung von Mulla Muhammad Rasul in das Rundfunkgebäude von Zarandsch und ordnete den Mitarbeitern an, unverzüglich die Nachricht über die Verlegung des Provinzzentrums von Zarandsch nach Ghurghuri zu verkünden. Um sich abzusichern, fragten die Rundfunkmitarbeiter, warum das Provinzzentrum verlegt werden sollte und welches Gremium einen solchen Beschluss überhaupt gefasst habe. Mulla Abdulbari sagte: „Das hat euch nicht zu interessieren! Eure Aufgabe ist es, Nachrichten zu verkünden." Und dann ordnete er an, folgende Meldung zu senden:

> „Das Verwaltungszentrum der Provinz Nimroz wird von Zarandsch nach Ghurghuri verlegt. Interessenten können von morgen an bei der Provinzverwaltung Anträge für den Erwerb von Grundstücken zur Errichtung von Wohn- und Geschäftshäusern einreichen."

---

[86]Zur Verlegung des Provinzzentrums von Zarandsch in die neu gegründete Stadt Ghurghuri siehe die Anmerkung auf S. xvi.

Die Verlegung des Provinzzentrums war also weder mit den Bewohnern der Provinz beraten worden, noch gab es irgend eine Genehmigung der Behörden und Gremien, die über eine solche Frage eigentlich zu entscheiden hätten. Der Wali, der zu den engen Vertrauten von Mulla Umar gehörte, entschied alles nach eigenem Gutdünken, ohne die Meinung der Bevölkerung zu berücksichtigen, und ausschließlich so, wie es seinen persönlichen Interessen entsprach. Die Gründe, warum der Wali in seiner hartnäckigen Weise einen solchen Beschluss gefasst hatte und eiligst durchsetzen ließ, noch bevor die Einwohner ihn mit ihren Beschwerden vielleicht rückgängig gemacht hätten oder bevor das Land sogar in einen erneuten Bürgerkrieg verfallen wäre, waren folgende:

1. Wegen seiner üppigen Einkünfte hatte Zarandsch schon lange die Aufmerksamkeit der hungrigen Wölfe und Kannibalen aus Pakistan auf sich gezogen, von denen jeder nur danach strebte, irgend einen offiziellen Posten in dieser Provinz zu erhalten, um sich endlich alle lang gehegten Wünsche erfüllen zu können. Nach Scher Malang, dem früheren Gouverneur der Provinz, kam Mulla Muhammad Rasul, der zu den engsten Freunden und Vertrauten von Mulla Umar zählte und schon lang davon geträumt hatte, Gouverneur der Provinz Nīmruz zu werden. Als dieser Traum in Erfüllung ging und er zum Wali von Nimroz ernannt wurde (oder wie sie selbst sagten des „Kuwait von Afghanistan", also des Speichers zum Abfüllen der hungrigen Mägen der Pakistanis), setzte Mulla Muhammad Rasul alles daran, dieses „Goldene Kalb" nicht mehr aus seinen Händen zu geben und um jeden Preis zu verhindern, dass diese erträgliche Einkommensquelle irgendwann versiegen könnte.

2. Was Mulla Muhammad Rasul jedoch große Sorgen bereitete, war die geringe Entfernung von Zarandsch zur afghanisch-iranischen Grenze und die Möglichkeit, dass die Mudschahedin von Iran aus angreifen könnten. Deshalb erschien ihm die Idee sehr verlockend, das Provinzzentrum in eine Gegend zu verlagern, die weiter weg von der Grenze gelegen wäre und noch dazu gewissermaßen in einem paschtunischen Siedlungsgebiet.

3. Das iranische Kriegsmanöver Zu-l-faqar II, das sich bis in die Grenzregion zu Afghanistan ausstreckte, bereitete den Taliban und ihren Herren zusätzliche Sorgen.[87] Die Führer der Taliban in Nimroz konnten den Verlauf dieses Manövers detailliert im iranischen Fernsehen

---

[87] Nachdem im August 1998 in Nordafghanistan neun iranische Diplomaten und ein iranischer Journalist durch Taliban getötet wurden, führte Iran im Oktober desselben

verfolgen und waren wegen der militärischen Stärke der iranischen Truppen durchaus verängstigt. Auch um jener Katastrophe vorzubeugen, die ein möglicher Krieg im Falle einer Verschlechterung der Beziehungen zwischen beiden Ländern für sie bedeutet hätte, beschlossen sie die Verlagerung des Provinzzentrums von Zarandsch nach Ghurghuri.

4. Die Taliban glaubten, dass sich die einheimische Bevölkerung von Nimroz wegen ihrer kulturellen Verbindungen zu Iran nie mit den pakistanischen Eroberern verbünden und diesen in schwierigen Situationen niemals beistehen würde. Deshalb sahen sie es als eine erstrangige Notwendigkeit an, ein neues Provinzzentrum in einem paschtunischen Siedlungsgebiet zu haben, wo die Stimme der Taliban ein einmütiges Echo finden konnte.

5. Auch die Politik der stammes- und rassenmäßigen Säuberung hatte diesen Beschluss mitbestimmt. Die pakistanischen Taliban waren in allen Provinzen, die sie eingenommen hatten, darum bemüht, ein möglichst von Paschtunen dominiertes Provinzzentrum zu schaffen, um den dort lebenden Paschtunen mit einem Gefühl der Sicherheit die wichtigsten Verwaltungsangelegenheiten anvertrauen zu können und diese im Falle der Notwendigkeit gegen die anderen einheimischen Bevölkerungsgruppen einsetzen zu können. Seit der Eroberung von Zarandsch ist es ihnen nie gelungen, die Bevölkerungsmassen für sich zu gewinnen. Deshalb wurden sie letztlich sogar schriftlich von Islamabad aus angewiesen, Zarandsch zu zerstören und das Provinzzentrum an einen anderen Ort zu verlegen. Bei der Verwirklichung dieser Anweisung setzten sie jede Art von Gewalt und Abscheu ein, die diesen Eroberern in den Sinn kam.

6. Auch einige ängstliche, nur auf den eigenen Vorteil bedachte, karrieresüchtige Personen, die schon unter den vergangenen Regimes wichtige Ämter innehatten, die je nach Machtkonstellation kommunistische Lieder sangen oder islamische Weisen summten, die durch den Verrat an ihren eigenen Stämmen traurigen Ruhm erlangt hatten, wie es bei den Anardaragi der Fall war,[88] und die sich den Taliban sofort nach der Eroberung der Stadt Zarandsch an den Hals warfen, regten die Taliban dazu an, das Provinzzentrum zu verlegen.

Jahres im Grenzgebiet zu Afghanistan unter dem Namen Zu-l-faqar II (wörtlich: „die Rückenwirbel spaltend", Epithethon des Schwertes von Ali) das bislang größte Kriegsmanöver seiner Geschichte durch, an dem bis zu 200 000 Soldaten teilnahmen.

[88]Siehe hierzu die Ausführungen weiter oben im Text ab S. 64.

Als Belohnung für diesen Verrat an der eigenen Bevölkerung und die Kooperation mit den fremden Eroberern wurden ihnen erneut hohe Ämter im Verwaltungsapparat anvertraut.

7. In Nimroz gab es damals so gut wie niemanden innerhalb der einheimischen Bevölkerung, der nach der unheilvollen Aprilrevolution[89] ins Ausland geflüchtet war, dafür gab es Nichteinheimische, die sich nun als Herren über diese Provinz ansahen. Auch dieser Umstand spielte eine große Rolle bei der Verlegung des Provinzzentrums nach Ghurghuri, denn die Verlegung stieß auf keinen ernstzunehmenden Widerstand von innen oder von außen.

8. Die Mudschahedin von gestern, die sich heute im Ausland aufhalten[90], die sich als wahre Erben von Nimroz ansehen und sich von früh bis morgen mit ihrem Patriotismus brüsten, haben im Angesicht dieser Maßnahme geschwiegen und keinerlei Gegenmaßnahmen ergriffen. Deshalb fühlten sich die Taliban geradezu ermutigt, die gewaltsame Umsiedlung der Bevölkerung nach Ghurghuri von Tag zu Tag zu intensivieren.

9. Als Mulla Umar seinen Ferman über das Verbot der Polygamie erließ, die militärischen und zivilen Angestellten des Emirats mit staatlichen Geldern aber genau das Gegenteil von dem taten, was ihnen angeordnet worden war, wollte Mulla Muhammad Rasul seinen Gefährten auf keinen Fall nachstehen. So hat ihn der Wahnsinn seiner Liebe zur Tochter von Abdulqayum aus Razi-Wala einfach dazu gezwungen, jene Bedingungen zu akzeptieren, die ihm die Mutter des Mädchens, das er begehrte, gestellt hatte. Zu diesen Bedingungen gehörte es, in der Nähe des Dorfes Razi eine Stadt zu errichten und in dieser Stadt einen märchenhaften Palast für ihre Tochter zu bauen. Und er setzte alles daran, diese Bedingung mit energischer Entschlossenheit zu erfüllen.

اما خانه ظلم ویران است

Aber zu Hause herrschen Grausamkeit und Zerstörung.

---

[89]Gemeint ist der kommunistische Putsch von 1978.
[90]Gemeint ist die Zeit der Taliban-Herrschaft.

Wie die Brahui vertrieben werden sollten

Seit vielen Jahren stritten die Bewohner des Dorfes Razi, die sich den Paschtunen zugehörig fühlten, und die einheimischen Brahui[91] um einige Ländereien in der Umgebung von Ghurghuri. Schon unter den früheren Regierungen hatten die Paschtunen dieser Gegend versucht, sich das Land der dort ansässigen Bevölkerung anzueignen. Ungeachtet aller Ungerechtigkeiten und Gesetzesverstöße, die schon unter diesen Regierungen üblich waren, wollten oder konnten die damaligen Herrscher die angestammten Rechte der Brahui nicht mit Füßen treten und weigerten sich, den Paschtunen das erbliche Eigentum der Brahui einfach zu übertragen.

Mit dem Auftauchen der von Pakistan initiierten Bewegung der Taliban und der daraufhin einsetzenden Politik des Stammesfanatismus und der stammesmäßigen Säuberungen konnten die Paschtunen von Razi endlich ihr Ziel erreichen und die wehrlosen Brahui vertreiben.

Unter Ausnutzung aller Möglichkeiten versuchten die Paschtunen von Razi, sich bei Mulla Rasul, dem Wali von Nimroz, beliebt zu machen, und begannen, gegen die Brahui zu hetzen. Mulla Rasul, der selbst kein gesundes Urteilsvermögen besaß und alle Fragen so entschied, wie ihm irgend ein verleumderisches Klatschmaul aus seinem Hofstab nahelegte, ließ sich auch diesmal von diesen lokalen Teufeln beeinflussen. Nachdem er sich mit einer der Töchter von Qayum Chan aus Razi verlobt hatte, wurden seine Beziehungen zu den Paschtunen von Razi allmählich enger. Seine verachtenden Gefühle gegen die Brahui wurden schließlich so stark, dass er die Brahui als Pakistanis bezeichnete und zu ihnen sagte: „Geht in euer Heimatland, also nach Pakistan, zurück. In Afghanistan ist kein Platz für euch." So sehr sich die Brahi auch bemühten, den Wali vom Gegenteil zu überzeugen, er wollte nicht mehr von jenem Esel absteigen, auf den er sich gesetzt hatte. Seine Feindschaft gegen die Brahi wurde mit jedem Tag stärker.

Folgendes wurde berichtet:

Als Mulla Rasul einmal nach Ghurghuri fuhr, um die Bauarbeiten in der Stadt zu besichtigen, kam er an der ärmlichen Hütte einer Brahui-Familie vorbei. Der Besitzer arbeitete gerade auf einem Grundstück neben der Hütte. Mulla Rasul rief ihn zu sich und befahl ihm, die Hütte unverzüglich zu räumen, um seinen böswilligen Plan, die Brahui aus dieser Gegend zu vertreiben, umzusetzen. Es war mitten im Winter und der arme Bauer wusste nicht, wohin er mit seiner Familie gehen sollte. Er war gezwungen, den kalten Winter in dieser ländlichen Hütte zu verbringen,

---

[91]Zu den Brahui und ihrer ethnischen Zugehörigkeit siehe Seite 16.

wenn er seine Kinder nicht dem sicheren Tod ausliefern wollte. Aber Mulla Rasul war wie von Sinnen. Ohne auch nur im Geringsten an die Schwierigkeiten und Probleme zu denken, die er dem armen Bauern bereitete, befahl er, die Hütte abreißen zu lassen. Der arme Bauer verfasste ein Bittgesuch an den Wali, in dem er darlegte, dass er sein Haus mitten im tiefsten Winter unmöglich verlassen könne. Eines Tages saß Mulla Rasul mit seinen bewaffneten Männern auf den Mauern einer alten Festung, die sich in der Nähe von Ghurghuri befand, und ließ seinen Blick aus der Ferne über die Stadt streifen, die unter dem Namen Ischq-Abad, also „Stadt der Liebe", bekannt wurde, aber von einigen auch Zulm-Abad, also „Stadt des Grauens", genannt wurde. Der arme Bauer, dessen Haus abgerissen werden sollte, kam auf Mulla Rasul zu, um sein Bittgesuch zu überreichen und noch einmal um Gnade zu bitten, damit er wenigstens bis zum Ende des Winters in seiner Hütte bleiben dürfe. Der Bauer war noch nicht an den Festungsmauern angekommen, als Mulla Rasul ihn erblickte. Er hatte sofort verstanden, dass ihm der Bauer ein Bittgesuch überbringen wollte. Mit lauter Stimme rief er auf Paschto von den Festungsmauern herunter: *kākā ma-rāća či gūtī darkawem* – „Alter! Komm ja nicht näher, sonst fege ich dich weg." Der alte Bauer war wegen dieser groben Worte aus dem Mund des Wali ganz verwirrt, und ein Freund, der ihn begleitete, sagte: „Um Gottes Willen! Der ist verrückt geworden. Lass uns schnell von hier verschwinden." Am folgenden Tag wurde die ärmliche Hütte dieses Bauern auf Befehl von Mulla Rasul dem Erdboden gleichgemacht. Obwohl die Kälte des Winters alle Menschen zittern ließ, war der arme Bauer gezwungen, gemeinsam mit seinen Kindern von nun an als Obdachloser umherzuirren.

Eine Erinnerung an die Trockenheit

Im Jahr 1379 [2000] führte die lang anhaltende Trockenheit dazu, dass die Wildschweine, die früher in den Schilfdickichten und Wäldern von Sistan lebten, wie auch viele andere Wildtiere ihre Gebiete verließen. Um nicht zu verdursten, sagten auch sie der Heimat ihrer Vorfahren mit Tränen der Trauer und der Hoffnungslosigkeit in den Augen Lebewohl und zogen wie Obdachlose umher. Eines Nachts, als alle Leute schliefen, kamen die Wildschweine aus dem Schilfdickicht und wollten die Grenze zwischen den beiden benachbarten Ländern überqueren. Unterwegs fielen die durstigen Tiere manchmal über Dörfer her, die auf ihrem Weg lagen, wo sie die Menschen und Tiere in einen tiefen Schrecken versetzten. Einige Tiere waren so durstig, dass sie sich verzweifelt in einen Dorfbrunnen warfen und verendeten.

Als sie an die Grenze kamen, trauten sie sich nicht auf die andere Seite, denn sie besaßen keine Dokumente. So verbrachten sie die Nächte in alten Kanalgräben oder an anderen geschützten Stellen in der Nähe der Grenze, und jeden Tag vor Sonnenaufgang sprangen sie verwirrt umher und versetzten Mensch und Tier in Schrecken. Das ging mehrere Tage und Nächte so. Als sie verwirrt umherirrten, überquerten einige von ihnen illegal die Grenze, während andere von den Gewehrkugeln der Dorfbewohner getroffen wurden und starben.

Schließlich kamen ihre Anführer zu einer Sitzung zusammen, um über ihre Situation zu beraten und gemeinsam eine Lösung zu finden.

Auf dieser Zusammenkunft, die weit weg von besiedelten Orten stattfand, sprach ein altes Wildschwein, das vor Durst und Hunger schon am ganzen Körper zitterte und dessen Keiler vor lauter Zorn und Traurigkeit so heftig aufeinander schlugen, dass man es von weither hören konnte, mit lauter Stimme:

„Helden des Feldes! Verehrte Kameraden! Wir sind zusammengekommen, weil wir ebenso unter der lang anhaltenden Trockenheit leiden wie die Menschen und all die anderen Tiere. Unsere Kinder und Familien werden getötet oder sie sterben, weil sie nichts zu trinken haben. Jetzt sollten wir unsere hochverehrten Meinungen austauschen und einen Plan entwickeln, wie wir dieser Situation entkommen können. Dann müssen wir nach diesem Plan handeln und dieser unglückseligen Lage ein Ende bereiten."

Danach tauschten die Teilnehmer dieser Zusammenkunft unter der Leitung des alten Wildschweins ihre Meinungen aus. Ein Teilnehmer wandte sich zum Beispiel mit folgenden Worten an die Versammlung:

„So weit mir bekannt ist, haben auch wir, die wir in diesen politischen Grenzen leben, bestimmte Rechte. Auch ihr habt bestimmt gehört, dass in anderen Ländern, ja selbst in unseren Nachbarländern, die ebenfalls unter der Trockenheit leiden, Pläne entwickelt wurden, um den Betroffenen auf dem Landweg oder aus der Luft lebensnotwendige Hilfe zukommen zu lassen. Auch wir haben in unserem Land Leute, die Verantwortung tragen, und wir sind überzeugt, dass sie ganz nach den Geboten der Religion und des Glaubens über Mitgefühl verfügen. Auch wenn die meisten ihrer Handlungen den politischen Prinzipien der Rassendiskriminierung und der stammesmäßigen Säuberung folgen, haben sie, was unseren Schutz anbelangt, eine gewisse Verpflichtung und fürfen es nicht zulassen, dass unsere Art ausstirbt. Vielleicht können sie uns ja noch einmal gebrauchen."

Danach meldete sich aus einer Ecke der Versammlung ein junges Wildschwein zu Wort und sagte:

„Freunde! Wie können wir von denen Mitgefühl erhoffen, die nicht einmal ihresgleichen gegenüber Mitgefühl besitzen, die das Blut von unschuldigen Kindern, wehrlosen alten Männern und Frauen vergießen. Aber was auch immer die Ältesten auf dieser Versammlung beschließen, ich werde es unterstützen."

Der Versammlungsleiter sagte:

„Gebt Acht, dass eure Emotionen nicht über euch herrschen! Wenn wir überleben wollen, müssen wir heute eine Lösung finden. Meiner Meinung nach ist es besser, wenn wir eine Delegation entsenden, die unser Anliegen bei den verantwortlichen Personen der Region vorträgt, damit diese in Zukunft nicht sagen können, sie hätten von nichts gewusst."

Dieser Vorschlag des Vorsitzenden fand allgemeine Zustimmung. Da sagte einer der Versammlungsteilnehmer:

„Wenn wir doch auch Vertreter der anderen Tiere dabei hätten, die in derselben unglücklichen Lage sind wie wir!"

Dem wurde entgegnet:

„Die Verantwortlichen in unserer Region verfolgen eine nationalistische Politik der stammes- und rassenmäßigen Säuberung. Wenn wir Vertreter anderer Tiere mit uns nehmen, werden die Verantwortlichen uns für Feinde halten und ihre gnadenlosen Gewehrkugeln gegen uns schicken. Es ist besser, wenn wir allein vorangehen. Und wenn unsere Aktion Erfolg bringt, können sich die anderen uns anschließen. Jetzt müssen wir klären, welcher Zeitpunkt für unser Treffen mit den Verantwortlichen am günstigsten ist."

Einer sagte:

„Tagsüber sind die Verantwortlichen unserer Region sehr beschäftigt und müde von den vielen Verwaltungsaufgaben. Wenn wir dann auch noch mit unserem Vorschlag kommen, werden sie kaum die Muße haben, uns anzuhören und mit uns zu sprechen."

Ein anderer sagte:

„Das hast du wirklich sehr gut gesagt, doch am Abend sind sie von ihren Tagesgeschäften erschöpft. Und wenn wir dann mit unserem Anliegen kommen, könnte das ihren Zorn hervorrufen. Deshalb schlage ich vor, dass der frühe Morgen die beste Zeit ist, um ihnen unser Gesuch zu unterbreiten. Am Morgen sind unsere verehrten Verantwortlichen vom nächtlichen Schlaf erholt und ausgeruht, ihr Verstand ist frisch und munter. Dann sollten wir ihnen unser Anliegen darbringen und mit ihnen über die täglich wachsenden Probleme sprechen, damit sie sich aus Großmut und Tierliebe unserer Lage annehmen und allmählich Trinkwasserquellen für uns zur Verfügung stellen."

Das Gesuch, das sie verfassten, hatte folgenden Inhalt:

„Hochverehrte Hüter des Islam und aller Muslime! Mögen Sie lange leben und von den Qualen des Durstes und des Hungers auf immer verschont bleiben! Auf diese Weise möchten wir Ihrer verehrten Existenz eine Darlegung unserer Situation vorbringen. Obwohl uns miteinander eine ewige Feindschaft verbindet, hoffen wir angesichts der Tatsache, dass wir in ihrem Herrschaftsgebiet gefangen sind, Sie mögen Ihren Gefangenen gegenüber gemäß den Geboten der heiligen Religion des Islam etwas Mitleid verspüren und einen Tropfen Wasser in die Mäuler der Durstigen geben, damit diese vor dem Tod gerettet werden können."

Dann nahmen vier Wildschweine, die noch etwas mehr Kräfte besaßen als die anderen, das Gesuch und brachen auf, um es dem Verantwortlichen ihrer Region zu überreichen. Als sie ankamen, versteckten sie sich eine Nacht lang hinter einem Erdwall im Norden von Zarandsch, ganz in der Nähe der Informationsbehörde, um ihr Gesuch am folgenden Morgen dem ausgeruhten Verantwortlichen zu übergeben und ihm von ihrer Lage zu berichten. Die Sonne war noch nicht aufgegangen, als sie zum Büro des Verantwortlichen gingen. Eines der Wildschweine, welches auch das Gesuch trug, ging vor den anderen. Als sie an den Toren der Residenz des Verantwortlichen eintrafen, waren die Augen aller Wächter auf sie gerichtet. Plötzlich wurde die morgendliche Stille in der Stadt vom Geschrei der Wächter und von ihren Gewehrsalven durchbrochen. Drei Wildschweine und einer der Wächter des Verantwortlichen wurden von Kugeln getroffen und fielen zu Boden. Von allen Seiten kamen Leute angerannt. Das Wildschwein, welches das Gesuch bei sich hatte, atmete noch und stöhnte. Aus seinem Stöhnen waren folgende Worte zu vernehmen:

ما ز یاران چشم یاری داشتیم ـ خود غلط بود آنچه ما پنداشتیم

Wir erwarteten Hilfe von unseren Freunden,
doch was wir dachten, war ein Fehler.

Das andere Wildschwein, das sich retten konnte, schaute auf seine Kameraden und sagte nach einer Weile:

„Teure Kameraden! Ihr habt allen anderen gegenüber eure Pflicht erfüllt. Mögen eure Seelen Ruhe finden. Auf der Versammlung sagte ich euch, dass man ihnen nicht trauen darf."
Heißt es doch:

با مردم جفاء کند ـ با دیگران چها کند

Wer selbst Menschen quält, was wird der erst mit anderen machen?

So sprach das Wildschwein und rannte anschließend davon, während Gewehrsalven es so lange verfolgten, bis es aus dem Blick verschwand.

Der einäugige Dämon

Als ich einmal allein zu Hause saß, kam mein Sohn aus der Medresse und gab mir eine Nummer der in Teheran erscheinenden Zeitung *Hambastagi*. Es war die Ausgabe vom 25./26. Schahriwar 1380 [16./17. September 2001] mit der Schlagzeile:

> Das Schicksal der Afghanen ist in den Händen eines einäugigen Dämons

In dem Artikel hieß es:

> Die von der internationalen Gemeinschaft geforderte Auslieferung von Usama bin Ladin[92] liegt allein in den Händen von Mulla Umar, eines einäugigen Mannes, von dem es heißt, dass er die älteste Tochter dieses abtrünnigen Arabers geheiratet haben soll.[93]
>
> Gestern verhandelte Mulla Umar mit einer pakistanischen Delegation über die Auslieferung von Usama bin Ladin. Er zeigte keinerlei Bereitschaft, seinen alten Busenfreund im Stich

---

[92]Usama bin Ladin alias Usama bin Muhammad bin Ladin alias Abu Abdallah wurde 1957 im saudiarabischen Riad als siebzehntes von insgesamt 57 Kindern des Baumagnaten Muhammad ibn Ladin geboren. Er studierte Wirtschaftswissenschaften an der Abdul Aziz-Universität in Dschidda. 1979 oder 1982 soll er nach Afghanistan gekommen sein, um sich als Mudschahed am Krieg gegen den sowjetischen Truppeneinmarsch zu beteiligen. Von hier aus organisierte er auch die Terroristenorganisation al-Qaida, die für die Attentate in New York und Washington am 11. September 2001 verantwortlich gemacht wird.

[93]Zu Mulla Umar siehe die Anmerkung auf S. 21. Die Kreuzehe, bei der die älteste Tochter von Usama bin Ladin im Alter von fünfzehn Jahren die vierte und jüngste Ehefrau von Mulla Umar wurde und im Austausch eine der Töchter von Mulla Umar – nach unterschiedlichen Aussagen – die vierte Ehefrau oder eine der Schwiegertöchter von Usama bin Ladin geworden sein soll, war im Spätsommer und Herbst 2001 ein beliebtes Sujet der internationalen Berichterstattung über Afghanistan, um die Verbundenheit dieser beiden Personen über ideologische Gemeinsamkeiten hinaus mit dem ethnologisierenden Mythos unzerbrechlicher orientalischer Familienbande zu begründen.

zu lassen. Die Freundschaft der beiden geht auf die Zeit ihres Kampfes gegen die Invasion der ehemaligen Sowjetunion in den Jahren 1979 bis 1989 zurück.

Trotz der großen Macht, die er in Afghanistan besitzt, ist nur wenig über diese Person bekannt, die sich selbst *Amīr almu'minīn* („Oberhaupt der Gläubigen") nennt. Dieser Führer, der jetzt Anfang vierzig ist, hat alle seine auswärtigen Kontakte in die Hände seines Außenministers Wakil Ahmad Mutawakkil[94] übertragen und selbst nur einige wenige Delegationen, darunter auch der Vereinten Nationen, empfangen.

Seine Freunde berichten, dass er ein armes Leben führt. Obwohl Usama bin Ladin ein großes Haus für ihn gebaut hat, versteht er sich als Diener des Islam. Es heißt, dass er wichtige Versammlungen mit seinen Ministern direkt an seinem Bett durchführt. Manchmal schreibt er seine Anweisungen auf ein Stück Papier.

Er fordert vollkommene Enthaltsamkeit und hat die Stadt Kandahar nie verlassen. Die Ereignisse der letzten Woche waren eine Ausnahme. In dieser Woche haben sich Tausende Weißbärte und islamische Gelehrte aus 32 Provinzen Afghanistans in Kabul versammelt. Gegenstand ihrer Beratungen ist eine Fatwa zum Dschihad gegen Amerika.

Nach Angaben von Yusuf Budinski, der ein Buch über Usama bin Ladin verfasst hat, wurden die Familienbande zwischen Mulla Umar und Usama bin Ladin 1998 geschmiedet. Bin Ladin hat die älteste Tochter von Mulla Umar zur Frau genommen (in Wirklichkeit ist die vierte Frau von bin Ladin die älteste Tochter von Mulla Umar) und Mulla Umar hat seinerseits die älteste Tochter von bin Ladin geheiratet.

Die Weigerung, Usama bin Ladin auszuliefern, hat Mulla Umar unter islamischen Extremisten Vertrauen eingebracht, aber im internationalen Maßstab hat sie zu einer vollkommenen diplomatischen Isolation geführt.

In der Zeit, als die afghanischen Mudschahedin gegen die Invasion durch die Sowjetunion kämpften, hatte Mulla Umar ein Auge verloren. Seitdem ist seine Berühmtheit kontinuierlich gewachsen.

---

[94]Wakil Ahmad Mutawakkil stammt aus Kandahar und diente in der Verwaltung der Taliban als politischer Berater und Sprecher von Mulla Umar. Im April 1999 wurde er außerdem zum Außenminister ernannt.

Als die Anarchie in Afghanistan am größten war, begann er unter dem Motto 'Ordnung und Gerechtigkeit nach den Gesetzen der Scharia', Studenten zu erziehen, die man Talaba oder Taliban nannte.

Nach nur zwei Jahren konnte er mit Unterstützung dieser Studenten zu großem Ruhm gelangen und in Afghanistan eine ideologisch dominierte Herrschaft errichten. Gegenwärtig befinden sich 90 Prozent des Territoriums von Afghanistan unter seiner Kontrolle, und weil er sich selbst nur in Kandahar aufhält, wurde das gesamte Machtzentrum von Kabul nach Kandahar verlagert.

Mulla Umar hat zwar Religionsschulen besucht, aber er besitzt keine geschlossene Ausbildung, weil er sich später den Mudschahedin anschloss.

Nach dem Abzug der sowjetischen Truppen begann er, eine eigene Bewegung zu gründen und zunächst in seinem Heimatdorf in Sangar und später in Pakistan Studenten auszubilden.

Seine Politik wird in der ganzen Welt verurteilt, und das Regime, das er in Afghanistan geschaffen hat, wird von keinem Land offiziell anerkannt. Nach seiner Auslegung der Gesetze des Islam sind die Frauen Gefangene in ihren eigenen Häusern und müssen sich vom Kopf bis zu den Füßen verschleiern. Männer sind gezwungen, einen Bart zu tragen.

Alle Fotos von Lebewesen sind nach seiner Auslegung des Islam verboten. Dieben werden die Hände abgehackt, Mörder werden öffentlich hingerichtet, Homosexuelle werden an den Füßen aufgehängt und Frauen, die Ehebruch begangen haben, werden gesteinigt.

Ein Acht-Millionen-Dollar-Geschenk von George Bush für Zarandsch

Der Abend des 15. Mizan 1380 [7. Oktober 2001] war anders als andere Abende. An diesem Abend begann jene Katastrophe, auf die die Menschen in Afghanistan seit den Ereignissen des 11. September 2001 in Amerika und dem immer größer werdenden Zorn von George Bush, des Präsidenten dieses Landes, schon lange gewartet hatten. Nach diesen Ereignissen erhob sich eine weltweite Welle kollektiven Mitgefühls. Täglich war vierundzwanzig Stunden lang in Rundfunk und Fernsehen die Forderung

Amerikas zu hören, an dem saudiarabischen Multimillionär mit Namen Usama bin Ladin Rache zu nehmen.

Usama bin Ladin war illegal und ohne jede Genehmigung nach Afghanistan gekommen, wo ihn die Taliban beschützten. Unter der persönlichen Obhut von Mulla Umar, des Anführers der Taliban, begann er ohne Genehmigung und gegen den Willen der Bevölkerung von Afghanistan, einen Stützpunkt seiner terroristischen Organisation al-Qaida aufzubauen. Dort bereitete er jene terroristischen Aktivitäten vor, die er anschließend an den bekannten Orten in der ganzen Welt verwirklichte. Usama bin Ladin wird auch für die Ereignisse in New York und Washington verantwortlich gemacht. Nun riskiert er einen Massenmord an der unschuldigen Bevölkerung Afghanistans, um für seinen Schwiegervater Krone und Thron in Kandahar zu retten. Über die Ereignisse von New York und Washington zeigte er öffentlich Freude und bezeichnete diese sogar als eine gute Tat. Amerika hat die Taliban aufgefordert, ihn auszuliefern, damit er rechtmäßig vor Gericht gestellt werden kann. Mulla Umar weigert sich jedoch, seinen Schwiegervater an Amerika auszuliefern und hat Amerika eine ablehnende Antwort erteilt. Damit war die Geduld der Amerikaner am Ende.

Um 21:20 Uhr afghanischer Zeit begannen, so wie es die ganze Welt erwartet hatte, massive Luftangriffe der Amerikaner gegen alle Provinzzentren, die sich unter der Kontrolle der Taliban befanden. Amerikanische Marineeinheiten feuerten fünfzig Raketen auf Ziele in Afghanistan ab. Eine nach der anderen traf ihr Ziel und hat den wehrlosen, vom Krieg geschlagenen Menschen in Afghanistan, die außer Gott niemanden haben, der ihnen beisteht, unermessliche personelle und materielle Verluste zugefügt. Zeitgleich mit den Raketenschüssen erhoben sich unter dem Schutz der Finsternis der Nacht von pakistanischem Boden aus Bomber und bombardierten Ziele in den Städten Kabul, Kandahar, Herat, Mazar-i Scharif, Kunduz und in Nimroz.

Am Abend des 15. Mizan 1380 [7. Oktober 2001] herrschte in Zarandsch Totenstille und alle Straßen waren leer. Plötzlich wurde die Stille von einer gewaltsamen Explosion unterbrochen. Das Gedröhn amerikanischer Bomber ließ Zarandsch und die Umgebung der Stadt erschüttern. Das Feuer der einschlagenden Raketen brachte den Himmel über der Stadt zum Leuchten. Anschließend erhob sich dichter Rauch. Die leidgeplagten Bewohner von Zarandsch rannten aus ihren Häusern. Aus allen Richtungen war das Geschrei von Frauen und Kindern zu hören. Viele Einwohner begannen mit ihren Familien davonzurennen, um in den umliegenden Dörfern Schutz zu suchen. Niemand weiß, wie viele Menschen damals zu Tode gekommen sind. Die Taliban erlaubten den Leuten nicht, die Orte, wo

Raketen eingeschlagen waren, aufzusuchen und sich ein Bild über den entstandenen Schaden zu machen. Sie sagten, die Raketen hätten nur militärische Ziele in der Stadt und außerhalb getroffen, und den Bewohnern der Stadt sei kein Schaden zugefügt worden. Viele Menschen waren vor Angst wie erstarrt. Sie fragten einander mit lauter Stimme: „Warum müssen wir mit unseren Familien wegen eines Ausländers geopfert werden, der ohne jede Erlaubnis in unser Land gekommen ist?" „Warum müssen wir wegen dieses Feindes der Bevölkerung von Afghanistan jeden Tag neue Katastrophen erleiden und unser Leben verlieren?" „Warum denken die Mächtigen, die heutzutage mit Hilfe und Unterstützung der historischen Feinde Afghanistans an der Macht sind, nicht nach und warum kennen sie kein Furcht vor Gott?" „Wohin sollen wir mitten in der Nacht mit unseren Kindern, Frauen und unseren altersschwachen Großeltern gehen?" „Warum werden die Gäste, denen wir all dieses Leid, diesen Schmerz und die Massenmetzelei unter der wehrlosen, unschuldigen und leidgeplagten Bevölkerung und die Zerstörung des Landes verdanken, nicht ausgewiesen?" „Herrgott, erbarme dich unser! Wie lang sollen wir noch im Feuer der Grausamen und Mächtigen verbrennen?"

Aus Angst vor weiteren Raketenangriffen konnte in dieser Nacht niemand schlafen. Bei Sonnenaufgang flohen viele Leute aus der Stadt, um in umlegenden Dörfern oder in Iran Schutz zu suchen.

Wie die Ladenbesitzer von Zarandsch ein Rind opferten, um ein mögliches Unglück zu verhindern

Mulla Muhammad Rasul, Wali von Nimroz, dieser berühmte Chauvinist und unversöhnliche Feind der wehrlosen Bewohner von Nimroz, versuchte bis zum Schluss die Menschen zu quälen und zu peinigen, seinen Druck auf die Bevölkerung zu verstärken, und stellte so in der Geschichte von Nimroz einen neuen Rekord in Despotie und Unterdrückung auf. Doch dann, als sich Gottes Zorn gegen die Taliban zu richten begann und sich mächtige Wolken aus Tausenden Kilometern Entfernung über dieser Region zusammenballten, um die Herrschaft der Grausamkeit und der Despotie zu beenden, wandten sich die Taliban, die immer nur voller Verachtung auf die Menschen von Afghanistan geschaut haben, in der Hoffnung auf Rettung plötzlich an die Bevölkerung und baten, ihnen in dieser schwierigen Stunde beizustehen.

Auch Mulla Muhammad Rasul richtete eine Botschaft an die Bevölkerung von Nimroz und lud sie ein, Weißbärte und andere Vertreter zu Besprechungen nach Ghurghuri zu entsenden, wo er seine Machtzentrale hatte, um gemeinsam über die neue Lage im Land zu beraten, damit sich die Bevölkerung im Falle der Notwendigkeit am Dschihad gegen Amerika beteiligen könne. In seiner Botschaft erwähnte Mulla Muhammad Rasul insbesondere die Einwohner von Anardara, die den gesamten Handel in der Provinz Nimroz in ihren Händen halten und in seinen Augen als die eigentlichen Vertreter der einheimischen Bevölkerung von Nimroz galten. Kein einziger Abgesandter aus Anardara nahm jedoch an dieser Beratung teil. Auf der Beratung erklärte Mulla Muhammad Rasul dann, dass er den Vertretern aus Anardara gar nicht erlaubt habe, an dieser Besprechung teilzunehmen, weil sie eigentlich Israeliten seien, denen man nicht vertrauen dürfe. Alles, was auf dieser Beratung gesagt werde, müsse geheim bleiben und deshalb hätten die Vertreter aus Anardara nicht daran teilnehmen dürfen.

Als die Anardaragi von Zarandsch dies erfuhren, waren sie sehr besorgt und fürchteten, dass vom Wali fortan eine noch größere Gefahr für ihr Leben und für ihren Besitz ausgehen könnte. In der Hoffnung, ein mögliches Unglück durch den Wali zu verhindern, schlachteten sie ein Rind, um es Gott zu opfern. Das Fleisch dieses Tieres verteilten sie als Almosen unter 2 000 Familien von Zarandsch.

Wie geschildert wurde, hatte Mulla Muhammad Rasul immer wieder versucht, die Bewohner von Nimroz aus ihrer Provinz zu vertreiben und seine eigenen Landsleute anzusiedeln. Er besaß sogar einen entsprechenden Ferman des islamischen Emirats, wonach das gesamte Privateigentum der Bevölkerung, von dem ein großer Teil während des Bürgerkriegs vorübergehend im Nachbarland Iran in Sicherheit gebracht worden war, an seine Verwandten zu übergeben sei. Die erste Maßnahme, die er in dieser Richtung ergriffen hatte, war die Besetzung der Provinzverwaltung mit einigen unbegabten Personen, die nicht einmal lesen und schreiben konnten. Dort versuchten diese dann, Immobilienbesitzurkunden zu verkaufen und die Bevölkerung auf jede erdenkliche Art und Weise zu quälen, damit die Menschen die Provinz verlassen.

Ein Hirte als Rundfunk- und Fernsehdirektor

Die Menschen von Afghanistan waren in ihrer gesamten bisherigen Geschichte Dieben, Mördern und Bestien, ja sogar der Herrschaft von vollkommen ungebildeten Gruppierungen ausgesetzt. Eine Zeit lang waren

sie deren [ungewollte] Gastgeber und mussten in ihrem bevölkerungsrei-
chen Land deren Unterdrückung ertragen. Immer wieder kamen solche
Feinde in unsere Heimat. Nach einer Weile verloren sie ihre Macht und ein
anderer nahm ihre Stelle ein.

In der Zeit, als Pakistan mit Hilfe der Taliban über Afghanistan herrschte, erreichte dies alles einen traurigen Höhepunkt. In allen Regionen, die
sich unter der Herrschaft der Taliban befanden, saßen Hirten, Karawanen-
treiber, Analphabeten, Diebe, Räuber und Mörder in den Verwaltungen.
Die professionellen, qualifizierten und begabten Beamten, die ihrem Land
unter den früheren Regimen gedient hatten, wurden entlassen und durch
die oben erwähnten Personen ersetzt. In den Behörden gibt es keinerlei
Vorschriften mehr, nach denen die einzelnen Abteilungen ihre Aufgaben
zu erfüllen hätten. Alles geschieht frei nach dem Gutdünken des jeweiligen Amtsvorstehers. In einigen Behörden wurden Beamte aus früheren
Regimen als Berater eingesetzt. Und diese armen Beamten mussten dann
einem Chef gehorchen, der zuvor Hirte oder Kameltreiber war und in seinem bisherigen Leben nur Schafe oder Kamele kommandiert hatte, und
sollten ihm erklären, wie man einen Bewässerungskanal betreibt. In diesem System gibt es keine Ordnung für die Verwaltung der Provinzen. Jeder Talib ist sein eigener Mulla Umar und völlig frei in seinen Handlungen und Entscheidungen. Sie eigneten sich fremdes Privateigentum an, wo
sie nur konnten. Viele von ihnen waren mit leeren Händen nach Nimroz
gekommen und sind mit vollen Taschen wieder in ihre Heimat zurückgekehrt. In kürzester Zeit hatte jeder von ihnen vier Frauen sowie mehrere
Wohn- und Handelshäuser.

Einer dieser Hirten – er war ein gutmütiger Mensch und von lobens-
werter Moral – wurde für eine Weile als Direktor des lokalen Rundfunks
und Fernsehens eingesetzt. Er hatte ein inniges Verhältnis zu den Rund-
funkmitarbeitern und sagte immer wieder: „Ich bin ein Hirte. Ich weiß
nicht, ob euch das bewusst ist." Die Rundfunkmitarbeiter behandelte er
jedenfalls sehr respektvoll. Obwohl er weder lesen noch schreiben konnte,
erlangte er innerhalb kürzester Zeit mehr Ansehen als andere Taliban, die
lesen konnten und gewissermaßen „gebildet" waren.

Nach einigen Monaten war seine Frist abgelaufen und er ging weg. An
seiner Stelle wurde ein anderer als Direktor des Rundfunks und Fernsehens von Zarandsch eingesetzt. Bis dahin wusste ich nicht, welche Funktion der alte Direktor früher ausgeübt hatte. Einmal fragte ich den neuen
Direktor: „Wohin ist der alte Direktor gegangen?" Mit einem Lächeln sagte
der Neue: „Er war nur ein Hirte und ist wieder in die Berge gegangen. Er
hat das Direktor-Spielen aufgegeben und geht jetzt wieder seiner eigentlichen Aufgabe nach, weil ihm sein Herr nicht länger erlaubt hat, wegzu-

bleiben." Darauf sagte ich: „Ach wenn doch alle Hirten so wären wie er und ihre Füße auf dem eigenen Teppich gelassen hätten. "

Wie in Zarandsch Sexfilme gedreht wurden

Nach der Eroberung durch die Pakistanis verwandelte sich die Provinz Nimroz in einen riesigen Drogenumschlagplatz. Zahlreiche Pakistanis nutzten die im Land herrschende Unordnung, um illegal nach Zarandsch zu kommen und unter Missachtung aller Gesetze und internationalen Bestimmungen als Drogenhändler tätig zu werden. Täglich kamen Hunderte junge und alte Männer mit ihren Frauen von der anderen Seite der afghanisch-iranischen Grenze nach Zarandsch, und wenn sie erworben hatten, wonach sie suchten, sind sie wieder verschwunden. Kein Geschäft war während der Herrschaft der Taliban in Nimroz so ertragreich wie der Drogenhandel. Mit diesen illegalen Geschäften, die natürlich auch allen Regeln der islamischen Scharia widersprachen, verdienten die Pakistanis, die extra deswegen nach Zarandsch kamen, Millionen Kaldar, die sie mit zu sich nach Hause nahmen. Auch die in Nimroz stationierten Angestellten des so genannten Islamischen Emirats waren in diese Geschäfte involviert oder haben sie zumindest gedeckt, denn die meisten Drogenhändler gehörten als Angehörige paschtunischer Stämme aus Pakistan zu ihrer Verwandtschaft. Diese schmutzigen Geschäfte setzten die Pakistanis bis zum Ende ihrer Herrschaft fort, um anschließend mit Säcken voller Kaldar und amerikanischer Dollar aus dem zerstörten Zarandsch nach Hause zu fahren.

Bemerkenswerterweise waren 90 Prozent aller Personen, die täglich auf den Basar von Zarandsch kamen, um Drogen zu kaufen, iranische Männer und Frauen. Die freieren iranischen Frauen stammten aus den Grenzregionen dieses Landes und haben schon viele Jahre ihres Lebens als Schmugglerinnen[95] gedient, weshalb sie auch beim illegalen Drogentransport eine außerordentlich große Berühmtheit erlangen konnten. Die iranischen Männer, die in diese Geschäfte einbezogen waren, gehörten zum Spionagedienst, der in diesem Land auf hohem Niveau organisiert ist. Untersuchungen, die in Nimroz durchgeführt wurden, haben gezeigt, dass ein hoher Prozentsatz aller dort eingesetzten Mitarbeiter des iranischen Spionagedienstes direkt oder indirekt in den Drogenhandel involviert war und dass diese Leute damit ein gutes Nebeneinkommen verdienten.

---

[95]Wörtlich: *čatrbāz* – eigentlich: „Fallschirmspringer". Im iranisch-afghanischen Grenzgebiet, wo der Grenzschmuggel eine lange Tradition hat, wird dieses Wort in der übertragenen Bedeutung „Schmuggler" verwendet.

Mit dem Drogenhandel machten sich auch viele andere unangenehme Begleiterscheinungen in Zarandsch breit. Je mehr der Drogenhandel blühte, umso größer wurde der moralische Verfall, umso mehr Fälle von Mord, Diebstahl, Raub, Plünderung und anderen Greueltaten gab es in der Stadt. Die iranischen Schmuggler und Schmugglerinnen, die nach Zarandsch kamen, um Drogen zu kaufen, haben in der Stadt eine große moralische Verderbnis versursacht. Die Schmugglerinnen brachten die Nächte in den Zimmern der Drogenhändler zu. Irgendwann kamen Filmteams von Pakistan nach Zarandsch und begannen unter Ausnutzung der chaotischen Zustände Sexfilme zu drehen. Darsteller in diesen Sexfilmen waren iranische Schmugglerinnen und pakistanische Drogenhändler. Nach ihrer Fertigstellung wurden die Filme in Pakistan verkauft. In den CD-Fabriken von Karatschi, das seit langen Zeiten für seinen moralischen Verfall bekannt ist, werden Tag für Tag Tausende Video-CD mit diesen Filmen hergestellt, die anschließend von dort in islamische und nichtislamische Länder exportiert werden.

Viele Kunden der Drogenhändler kamen in Gruppen von jeweils drei oder fünf Personen, zu denen auch Frauen gehören, aus den angrenzenden Gebieten Irans. Und weil sie in der Regel kaum über das notwendige Kapital zum Drogenerwerb verfügten, waren sie gezwungen, Kredite aufzunehmen und sich zu verschulden. Das ging so, dass die Männer einer solchen Gruppe die erworbenen Drogen über die Grenze brachten, während die Frauen als lebendes Pfand bis zur Rückkehr der Männer bei den Drogenhändlern warten mussten. Solang die Männer nicht zurückkamen und die ausstehenden Summen für die erworbenen Drogen nicht bezahlten, benutzten die Drogenhändler die Frauen, die ihnen als Pfand hinterlassen wurden und die sie in dieser Zeit als ihr persönliches Eigentum ansahen, in einer unsittlichen Weise, um sich die Zeit zu versüßen. Abends gaben sie den Frauen eine ausreichende Menge Rauschmittel, und wenn die Frauen durch den Rausch ihre Selbstkontrolle verloren, vergriffen sich die Drogenhändler sexuell an ihnen. Die Filmproduzenten nahmen diese unsittliche Szenen auf und verkauften die Filme anschließend an pakistanische Kinos, womit sie große Summen Geld verdienten. Aber heißt es doch:

هر چه از حد گذارد رسوا شود

Alles was über die Stränge schlägt, wird einmal bloßgestellt.

Die einheimische Bevölkerung war wegen des unsittlichen Treibens der Pakistanis zutiefst erzürnt und hat bei der Provinzverwaltung Meldung erstattet. Der Sicherheitsverantwortliche war gezwungen, etwas zu unternehmen, und sperrte einige iranische Frauen ins Gefängnis. Die Pakistanis, die über Ausweise des ISI verfügten, wurden dem pakistanischen Sicherheitsdienst zum Verhör überstellt.

Es soll auch nicht unerwähnt bleiben, dass die pakistanischen Kinos und CD-Fabriken den führenden Vertretern der Taliban ihren Anteil an den Einnahmen aus diesen Filmen bar ausgezahlt haben. Das war also das Reisemitbringsel der Pakistans für die Bevölkerung jener Region, die im Namen des Islam zur abgelegensten und zurückgebliebensten Provinz des Landes wurde.

Ein Spion aus dem Nachbarhaus

Unter der Herrschaft der von Pakistan initiierten Bewegung der Taliban befanden sich alle staatlichen Schlüsselposten in den Händen von Angestellten ausländischer Nachrichten- und Spionagedienste, genau genommen aus den Nachbarländern Afghanistans. Einige versahen ihren Dienst in denselben Uniformen und mit denselben Dienstabzeichen, die sie auch zu Hause in ihren eigenen Ländern trugen. Andere dagegen traten in Zivil auf und versuchten, sich den Kleidungsgewohnheiten der Leute anzupassen, die sie unterdrückten. Die Menschen von Afghanistan haben solche Vorstellungen auch früher schon oft erlebt und sagten dann:

به هر رنگی که خواهی جامه میپوشی ـ من از طرز خراست میشنامم

Du kannst anziehen, was du willst,
ich erkenne dich an deinem graziösen Gang.

Einer dieser Spione aus den Nachbarländern, der eine wichtige Position in der Provinzverwaltung von Nimroz einnahm, letztlich aber sein schmutziges Gesicht offenbaren und das Land verlassen musste, war Hadschi Mulla Schakur Schahrazi, auch bekannt als Hadschi Maulawi Abdulbaqi. Er gehörte dem iranischen Nachrichtendienst an und lebt jetzt in Zahidan. Er war eine aufgeweckte und durchtriebene Person von mittlerem Wuchs und hielt sich auch in religiösen Fragen für ausgesprochen kompetent. Er konnte Persisch, Paschto, Belutschi sowie Arabisch, und wenn er über religiöse Dinge sprach, benutzte er Wörter aus all diesen Sprachen. Trotzdem war der Einfluss des Belutschi nicht zu überhören, wenn er redete. Außerdem war er dem regelmäßigen Naswar-Gebrauch verfallen.[96] Er spielte immer mit einem Naswar-Döschen und bot jedem Angehörigen der Taliban oder jedem Mulla etwas daraus an. Diese schmutzige Angewohnheit hatte ihn den Taliban nahe gebracht, denn auch neun von zehn Taliban haben dieses Laster, das wohl die einzige Art der Entspannung ist, die sie kennen.

Mulla Abdulbaqi konnte die Taliban immer wieder auf eine sehr einfache, aber geschickte Weise hinters Licht führen, wobei er alle Tricks anwandte, die er in der Spionageschule gelernt hatte. So gelang es ihm, sich als treuer Freund und Gönner der Taliban zu präsentieren, um auf diese Weise zuerst stellvertretender Leiter und später sogar Direktor der Behörde für Hadsch- und Waqf-Angelegenheiten[97] zu werden, wo er sich unverfroren an der Schatzkammer seiner Freunde und Gönner, der Taliban, bediente. Unter den irrwitzigsten Vorwänden nahm er auch den Händlern von Nimroz große Geldsummen ab. Im Jahre 1378 [1999/2000] knöpfte er sogar jedem, der zur Wallfahrt nach Mekka fahren wollte, 30 US-Dollar zusätzlich als Verwaltungskosten der Behörde für Hadsch- und Waqf-Angelegenheiten ab. Die Unrechtmäßigkeit dieser zusätzlichen Abgaben ist später aufgeflogen, weshalb alle Wallfahrer bei den entsprechenden Behörden Beschwerde einreichten, ihr Geld zurückforderten und eine rechtmäßige Bestrafung dieses Wucherers verlangten. Aber niemand nahm sich dieser Beschwerden an, so daß Abdulbaqi trotz aller Entblößungen im Amt blieb. Auch als das Verwaltungszentrum der Provinz von Zarandsch nach Ghurghuri verlegt wurde, gelangt es Abdulbaqi mit Unterstützung einiger neu eingestellter Mitarbeiter erstrebenswerte Posten in der Provinzverwaltung zu bekleiden.

Er hatte immer eine Waffe dabei. Sogar wenn er in einer Moschee predigte, hing ein Gewehr des iranischen Nachrichtendienstes über seiner Schulter. Den Leuten erzählte er, dass seine Feinde ihn ständig verfolgen würden.

---

[96]Naswar – pulverisierter Mundtabak, der aus einem von Region zu Region verschiedenem Gemisch aus Tabak unterschiedlicher Qualität, ungelöschtem Kalkstein (Kalziumkarbonat), Pflanzenasche und gelegentlich Indigo-Pulver hergestellt wird. Das Tabakpulver ist von hell- bis dunkelgrüner Farbe und wird zwischen Unterlippe und Unterkiefer, unter die Zunge oder in eine der unteren Backentaschen gelegt, wo es eine Weile bleibt, damit es seine berauschende Wirkung entfalten kann. Naswar-Gebrauch ist in einem geschlossenen Gebiet verbreitet, das sich über Afghanistan, die zentralasiatischen GUS-Staaten, Chinesisch-Turkestan über Pakistan bis nach Indien erstreckt. In Sistan wird weniger Naswar benutzt als in anderen Gegenden Afghanistans. Vgl. hierzu auch Jürgen FREMBGEN: *Naswar. Der Gebrauch von Mundtabak in Afghanistan und Pakistan*, Liestal 1989.

[97]Hadsch – Wallfahrt nach Mekka. Waqf – fromme Stiftung.

Er hielt es für völlig legitim, sich am Eigentum der Menschen zu vergreifen. Einmal lieh er sich bei einer Person namens Abdurrahman Narui mehrere Millionen Tuman und weigerte sich anschließend, das Geld wieder zurückzuzahlen.

Um noch mehr Ruhm zu erlangen und sich das Vertrauen der Provinzverwaltung zu sichern, bat er irgendwann darum, als theologischer Propagandist in der Radiostation von Zarandsch eingesetzt zu werden. So kam er eines Tages mit einem Brief der Provinzverwaltung in die Radiostation von Zarandsch und gleich bei seinem ersten Treffen mit den Mitarbeitern des Rundfunks sagte er, als er über seine Arbeit sprach: „Ich bin vom Islamischen Emirat beauftragt worden, alle Sendungen des iranischen Rundfunks und Fernsehens zu verfolgen und Materialien zur Bekämpfung Taliban-feindlicher iranischer Propaganda zu erstellen. Wenn meine Materialien von Radio Schariat gesendet wurden, werden sie vom Büro der Taliban in Pakistan in internationale Sprachen übersetzt und dann von anderen Radiostationen und Zeitungen verbreitet. Im Archiv der Taliban-Verwaltung gibt es schon viele solcher Materialien, die ich zu diesem Zweck zusammengestellt habe." Daraufhin baten ihn die Rundfunkmitarbeiter, er solle ihnen doch bitte einige dieser Materialien zukommen lassen, damit die Rundfunkredakteure sie in ihrer Arbeit verwenden können. Abdulbaqi versprach, dies zu tun, doch dieses Versprechen hat er nie erfüllt. Er kam auch nie wieder in das Rundfunkgebäude. Offensichtlich hatte er den Radiomitarbeitern auf immer Lebewohl gesagt, denn ihm war klar geworden, dass es hier keine Taliban gab, die er hätte ausspionieren oder wenigstens ausnutzen können.

Die Unterstützung der Islamischen Republik [Iran] bei der Bereitstellung arabischer Terroristen für den Krieg von Usama [bin Ladin] gegen Afghanistan

Vom Beginn des Bürgerkriegs in Afghanistan bis zum Untergang der Taliban haben die iranischen Politiker nie davor zurückgeschreckt, alle möglichen Gruppen zu unterstützen, wenn dies einer Schwächung Afghanistans nutzen konnte. Als die so genannten Lieblingsfreunde Irans, die unwissende Gruppe der Taliban, in Afghanistan auftauchten, ließ die Islamische Republik Iran ihre janusköpfige Politik klar und deutlich erkennen, und als die Angriffe Englands und Amerikas gegen Afghanistan zunahmen, mit denen die Herrschaft der Taliban beendet und die terroristische Organisation al-Qaida von Usama bin Ladin zerschlagen werden sollte, begann sich die unheilvolle Zusammenarbeit der Islamischen Republik [Iran] mit dieser Organisation weiter zu intensivieren.

In Rundfunk, Fernsehen und in den Landeszeitungen der Islamischen Republik [Iran] wurde zwar Tag für Tag stundenlang Beileid mit dem unterdrückten Volk von Afghanistan bekundet, doch was die iranischen Politiker und ihre Geheimdienste hinter diesem Schleier taten, war etwas ganz anderes. Offiziell hat die Islamische Republik [Iran] Terroristen und Terrorismus stets verurteilt. Jeden Tag verbreiteten Radio und Fernsehen entsprechende Meldungen, wonach die Islamische Republik [Iran] alles unternehme, um die Terroristen zu bekämpfen. Dieselbe Islamische Republik [Iran] ließ von ihren Geheimdienstmitarbeitern jedoch allein über die Kommandozentrale von Zabul in der Provinz Sistan und Belutschistan jeden Tag hundert bis hundertfünfzig Terroristen, die der unheilvollen Organisation al-Qaida von Usama bin Ladin angehörten, über die iranisch-afghanische Grenze in die Provinz Nimroz bringen. Diese Terroristengruppen wurden dort an die Taliban übergeben und anschließend unter der Vermittlung ortskundiger Taliban in den von Usama bin Ladin geführten Krieg geschickt, der so vielen Afghanen das Leben kostete. Als am 22. 8. 1380 [13. November 2001] eine große Gruppe unter der Leitung iranischer Geheimdienstmitarbeiter von Iran aus die Grenze nach Afghanistan überquerte und erfahren musste, dass die Stadt Zarandsch inzwischen wieder von Mudschahedin eingenommen war, kehrte sie unverzüglich in den Iran zurück. Die iranischen Behörden hatten zwar davon erfahren und wollten sie gleich in Empfang nehmen, doch sie kamen zu spät und die Araber konnten ungestört wieder nach Iran einreisen.

Während des gesamten Bürgerkriegs in Afghanistan leistete die Islamische Republik [Iran] den sich bekriegenden Parteien nicht nur direkte militärische Hilfe, sondern sie versorgte die Taliban auch mit Kraftstoff für ihre Kriegsfahrzeuge. So wurden den Vertretern der ausländischen Brandstifter in Afghanistan über den Freihandelsmarkt von Zabul und Zarandsch[98] jeden Tag mehrere Tausend Liter Kraftstoff geliefert. Darüber hinaus stellte die Islamische Republik [Iran] den Kriegsparteien große Mengen Lebensmittel zur Verfügung.

Die Antwort auf die Frage, warum trotz aller Mitleidsbekundungen, die auf der internationalen Tribüne hinsichtlich der bedenklichen Lage in Afghanistan abgegeben wurden, das Feuer des Krieges geschürt wurde,

---

[98]Der Freihandelsmarkt mit dem Namen Bazar-i Muschtarak (Gemeinsamer Basar) liegt zwischen Zabul und Zarandsch unmittelbar an der iranisch-afghanischen Grenze.

besteht darin, dass sich die Nachbarn Afghanistans vor der Bildung einer starken und mächtigen Regierung in diesem Land fürchteten. Deshalb unternahmen sie alle Anstrengungen, um Afghanistan schwach zu halten, und unterstützten zu diesem Zweck alle Kriegsparteien. Denn sie sagten sich:

ز هر طرف که کشته شود خیر اسلام است

Wenn von jeder Seite getötet wird, ist das zum Wohl des Islam.

Um der internationalen Koalition gegen die Taliban treu zu erscheinen, unterstützte die Islamische Republik [Iran] die Vereinten Nationen, setzte aber keinen ihrer Beschlüsse um. Stattdessen wurde die Hilfe für die Taliban insgeheim aufrecht erhalten, was die doppelgesichtige Politik der Islamischen Republik [Iran] offenbart. Iran war das einzige Land, das den Taliban weiterhin Unterstützung gewährte.

Weitere Belege für die doppelzüngige Politik der Islamischen Republik [Iran] in Bezug auf die Lage in Afghanistan waren wiederholte Reisen, die hochrangige Delegationen aus Nimroz unter Leitung des Wali oder seines Stellvertreters auf Einladung kompetenter Behörden in die Islamische Republik [Iran] unternahmen. Dort wurden ihnen zwar großzügige Geschenke überreicht, aber auch viele falsche Versprechen in Bezug auf einige Wirtschaftsprojekte gegeben, die in Nimroz angeblich durchgeführt oder vollendet werden sollten. Iranische Exilpolitiker haben die Politik der Islamischen Republik [Iran] in der Afghanistan-Frage von Anfang an bis zum Untergang der Taliban kritisiert und immer wieder betont, dass diese Politik den nationalen Interessen beider Länder, das heißt Afghanistans wie auch Irans, zuwiderlaufe.

Wie der Leiter der Behörde für die Bekämpfung von Sünde und Frevel einen Esel begattete

Ein pakistanischer Mulla, der sich als Taymani[99] ausgab und behauptete, aus der Provinz Ghur zu stammen, war zu Beginn der zweiten Herr-

---

[99]Taymani – persischsprachige Bevölkerungsgruppe, die traditionell in Nordwest-Afghanistan in der Region zwischen den Flüssen Harirud und Murghab lebt. Sie werden gelegentlich dem Verband der Tschahar (auch: Tschar) Aymaq – „vier Stämme" zugerechnet, der mit den Firuzkuhi, Dschamschedi, Taymuri und Hazara von Qala-i nau Gruppen verschiedener ethnischer Herkunft vereint. Siehe auch Alfred JANATA: „Die Bevölkerung von Ghor. Beitrag zur Ethnographie und Ethnogenese der Chahar Aimaq", *Archiv für Völkerkunde*, Wien 12/13 (1962/1963), S. 142.

schaftsperiode der pakistanischen Taliban für drei Jahre Leiter der Behörde für die Bekämpfung von Sünde und Frevel. Er war von mittlerem Wuchs, trug einen langen Bart und kleidete sich nach Kandahar-Art. Er beherrschte Paschto und Persisch und hatte eine schulmeisterliche Art, in der er den Menschen seine unmenschlichen Lehren erteilte. Den ganzen Tag spazierte er mit seinen bewaffneten Männern auf den Straßen von Zarandsch umher und stellte den Leuten Fragen zu religiösen Themen. Wer eine falsche Antwort gab, wurde bestraft.

Zur Gebetszeit ging er in die Moscheen und verlangte von jedem Mulla Listen mit den Namen derer, die zum Gebet erschienen waren, und derer, die nicht gekommen waren. Selbst diejenigen, die aus triftigen Gründen nicht zum Gebet kommen konnten, wurden anschließend für ihr Fehlen bestraft. Am Abend streifte er bis Mitternacht mit einer Taschenlampe durch die Wohngebiete der Stadt, blieb vor jedem Haus stehen und lauschte an den Türen. Wenn aus dem Innern eines Hauses Radio- oder Fernsehgeräusche zu hören waren, klopfte er sofort an die Tür und forderte die Bewohner auf, ihm das Radio- oder Fernsehgerät auszuhändigen. Diese betrachtete er dann als sein Eigentum, während ihre wirklichen Eigentümer sich bei keiner Behörde beschweren konnten, um ihre Geräte zurückzubekommen. Mit jedem Tag wurden die Lagerräume der Behörde für die Bekämpfung von Sünde und Frevel voller – ganz nach der Devise:

هستی و مستی

Besitz ist Rausch.

Die plötzliche Macht, das Eigentum der Menschen konfiszieren zu dürfen, verwirrte den armen Mulla, der sein ganzes bisheriges Leben lang nur trockenes Fladenbrot zu essen bekommen hatte. Seine Sinnlichkeit schien ganz und gar außer Kontrolle zu geraten. Um seine Gelüste zu befriedigen, irrte er wie ein Heimatloser durch die Straßen, weil er sich nicht anders zu helfen wusste.

So kam er auf die Idee, sein sinnliches Verlangen an einem Tier zu befriedigen. Eines Tages sagte er zu seinen Mitarbeitern: „Heute abend werde ich die umliegenden Dörfer kontrollieren und ihr die Straßen im Innern der Stadt." Der Mulla wusste, dass abends die Esel der Dorfbewohner zum Weiden herausgelassen werden. Unter dem Vorwand, arbeiten zu gehen, verabschiedete er sich von seinen Kollegen und ging eiligen Schritts zu jener Stelle, wo die Esel weideten. Er suchte sich unter den Eseln einen aus, der seinen Wünschen entsprach, und begann, mit dem armen Esel Liebe zu machen. Doch Gott ließ den Mulla auffliegen. Aus einer Ecke der Gasse kamen Leute gelaufen und riefen mit lauter Stimme: „Ergreift ihn! Ergreift ihn!" Als der Mulla die Stimmen hörte, rannte er eiligst davon. Er hat die Stadt Zarandsch noch in derselben Nacht für immer verlassen. So wurde die Bevölkerung von den Peinigungen dieses pakistanischen Religionslehrers erlöst.

Über die Bestrafungsarten unter der Herrschaft der Taliban

Während der finsteren Taliban-Herrschaft in Nimroz gab es keine Gesetze im Land. Die Taliban sprachen zwar immer von der leuchtenden mohammedanischen Scharia und schariakonformen Erlassen, doch die absolute Mehrheit von ihnen hatte von dieser leuchtenden mohammedanischen Scharia nicht die geringste Ahnung, um nach ihr handeln zu können. Jeder Talib war in seinem Handeln sein eigener Herr, er war Richter und Polizist zugleich oder mit anderen Worten:

خود کوزه، خود کوزگر و خود گل کوزه

Der Topf, der Töpfer und der Lehm für den Topf.

Ein Talib konnte jemanden, der bei ihm in Ungnade gefallen war, nach eigenem Gutdünken bestrafen oder sogar zum Tode verurteilen. Niemand konnte sich an den Gouverneur oder an einen Kadi wenden, um seine Bestrafung überprüfen oder aufheben zu lassen. Und wenn ein Talib eine zu bestrafende Person an die entsprechenden Behörden auslieferte und diese Behörde die Strafe aufheben wollte, konnte sie das niemals ohne Einverständnis des entsprechenden Talib tun. Die Art der Bestrafung hing wie alles, was damit verbunden war, von jener Person ab, die sich im Besitz der entsprechenden Vollmachen wähnte. Zur Feststellung der Schuld wurden keine ordnungsgemäßen Verhöre durchgeführt. Fragen und Antworten wurden nicht protokolliert. Es wurde nur ein Tonbandmitschnitt angefertigt, der anschließend dem Verwaltungsleiter übergeben wurde. Der Verwaltungsleiter durfte sich das Tonbandprotokoll anhören und dann nach eigenem Ermessen eine Strafe festlegen. Die gewöhnlichsten Bestrafungen waren Tod durch Erhängen oder Erschießen, Peitschenhiebe, lebenslange Haft , Blutrache oder Prügelstrafen bis zum Einsetzen des Todes. Einer der

Gefangenen erzählte mir, dass er selbst beobachten musste, wie einige Personen während der erbarmungslosen Prügelstrafen mit dem Namen des Propheten auf ihren Lippen ihr Leben ließen.

Bemerkenswerterweise spielten Bestechungen bei der Festlegung von Bestrafungen eine außerordentlich große Rolle. Die Taliban bemühten sich, ihre Herrschaft bis zur letzten Gelegenheit auszunutzen und auch noch den letzten Blutstropfen auszupressen, den der Körper eines ihrer Landsleute aus Nimroz aufzuweisen hatte. Wie auch immer:

چنان بازار ظلم شد در زرنج گرم ـ که آید از مسلمانی تو را شرم

Ein solcher Basar der Grausamkeiten herrschte im heißen Zarandsch,
dass du dich für den Glauben schämst.

Wie Mulla Rasul aus Nimroz floh und das Vermögen der Bank von Zarandsch nach Pakistan verschleppte

Mulla Muhammad Rasul, Wali von Nimroz, war eine grausame Bestie, die sich die Staatskasse und das gesellschaftliche Vermögen der Provinz angeeignet hat. Gemeinsam mit seinen Räubergehilfen sowie mit Unterstützung gewissenloser und karrieresüchtiger Helfershelfer aus den Kreisen der einheimischen Bevölkerung verstaute er das Vermögen, das er den gepeinigten Bewohnern von Nimroz geraubt hatte, zunächst in großen Kisten, die er dann in die Heimat seiner Vorfahren, also nach Pakistan, bringen ließ. Die Gründung der Stadt Ghurghuri, die ohne jede Beratung mit den Bewohnern der Provinz oder mit den zuständigen Behörden und ausschließlich nach seinen eigenen Plänen erfolgte, war ihm ein guter Vorwand, ein Prozent des reichen Provinzvermögens in Repräsentationsbauten für offizielle Behörden, Hotelpaläste und Gefängnisse zu investieren, während die anderen 99 Prozent über seine Helfer für andere Investitionen nach Pakistan gebracht wurden. Milliarden Afghani wurden in den Bau eines Gefängnisses gesteckt, das nach Pul-i Tscharchi[100] als das zweitgrößte Gefängnis Afghanistans galt. Wären die Gelder, die für Bau und Unterhalt dieses Gefängnisses ausgegeben wurden, nach den wirklichen

---

[100] Pul-i Tscharchi – berüchtigtes Gefängnis in Kabul.

Bedürfnissen der Menschen eingesetzt worden, hätten die Menschen einige Probleme weniger gehabt. Wenn das Geld zum Beispiel in den Bau von Kindereinrichtungen, Straßen und Kommunikationswegen geflossen wäre, hätte man die Alltagsprobleme der Menschen sicher mindern können. Wie ein Geldwechsler aus Zarandsch erzählte, war Mulla Rasul Teilhaber an einigen Wechselstuben. Ihm gehörte auch der ganze Erlös aus dem Verkauf des Treibstoffs, der für die Kriegsfahrzeuge und das Militär Afghanistans aus Iran geliefert wurde und den Yar Muhammad, ein Mitarbeiter des Chad[101] und spezieller Beauftragter von Mulla Muhammad Rasul, dann weiterverkaufte. Seine Schulden bei den iranischen Ölhändlern hat Mulla Rasul bis zum Schluss nicht bezahlt, sondern er hat den ganzen Erlös aus dem Treibstoffverkauf nach Pakistan überwiesen.

Als Mulla Rasul von den amerikanischen Angriffsplänen in Afghanistan erfuhr, unternahm er eine mehrtägige Reise in die Grenzbezirke der Provinz Nimroz, um bei den Zollbeamten noch einmal alle Einnahmen einzusammeln, auf die er bei seiner Flucht nach Pakistan natürlich nicht verzichten wollte. Als Mulla Muhammad Hanif, der Bezirksvorsteher von Tschachansur, bei dieser Gelegenheit zum letzten Mal einige Geldsäcke an Mulla Rasul übergab, sagte er zu ihm: „Wali Sahib! Mein Auto ist kaputt. Würden Sie mir vielleicht etwas Geld für die Reparatur dalassen?" Mit einem Lächeln gab Mulla Rasul zur Antwort: „Lasst zwei eurer Leute mit mir fahren, damit ich ihnen eine Überweisung ausschreibe und sie in Herat ein neues Auto für Euch kaufen können." Mulla Hanif war einverstanden. Freudigen Herzens wählte er zwei vertrauenswürdige Personen aus und befahl ihnen, den Wali zu begleiten, während er selbst von nun an Tag und Nacht von einem neuen japanischen Auto träumte. Leider waren diese Träume keine wohlwollenden Prophezeiungen, sondern Alpträume, denn sie sollten nie in Erfüllung gehen.

Als Mulla Rasul in Ghurghuri eintraf, begann er sofort, seine Flucht nach Kandahar vorzubereiten. Den beiden Vertrauten von Mulla Muhammad Hanif befahl er, so schnell wie möglich nach Herat zu fahren und dort auf eine telefonische Geldüberweisung von ihm zu warten, die er von Kandahar aus in Auftrag geben wollte. Mit diesem Geld könnten sie dann ein neues japanisches Auto für Mulla Muhammad Hanif kaufen. Die beiden taten, was ihnen befohlen worden war, und brachen nach Herat auf. Mulla Rasul, der angesichts der neuen Lage nicht länger in Nimroz bleiben konnte, schnappte sich das gesamte Vermögen der Bank von Zarandsch, ließ es auf Autos laden und brach nach Kandahar auf, um von dort nach Pakistan weiterzufahren. Als die beiden Vertrauten von Mulla

---

[101]Chad – Staatssicherheitsdienst Afghanistans.

Muhammad Hanif in Herat eintrafen, fanden sie natürlich keine Geldüberweisung von Mulla Rasul vor, und eine Regierung der Taliban gab es dort auch nicht mehr. Mit Tränen in den Augen, einem Seufzer auf dem Herzen und nichts in den Händen kehrten sie nach Nimroz zurück. Heißt es doch:

گاو مرد و گاودوشی شکست

Die Kuh ist gestorben und der Melkeimer ist [auch] zerbrochen.

Geschichte wiederholt sich

Der Abend des 22. 8. 1380 [13. November 2001] brachte den Taliban in Nimroz eine letzte Niederlage und den Mudschahedin einen erneuten Sieg. An diesem Abend war klares Wetter und am wolkenfreien Himmel über Zarandsch funkelten die Sterne. Die Herzen in unseren Brüsten schlugen lauter als gewöhnlich, zum einen, weil sich ein lang gehegter Wunsch zu erfüllen begann, und zum anderen, weil die Herzen wegen des Leids, das sie zuvor erfahren hatten, noch immer traurig waren.

Es war genau um neun Uhr abends, als alle, die noch nicht schlafen gegangen waren, aus der Ferne das Lied hörten: *īnak sadā-yi pāy-i man bāz āmadam, bāz āmadam* – „Meine Füße stampfen, ich bin zurückgekehrt, ich bin zurückgekehrt."[102] Und die das Lied sangen, hatten einige Jahre zuvor schon einmal in Zarandsch regiert, doch als die Taliban kamen, hatten sie ohne jeden Widerstand die Stadt verlassen und waren zu ihren Herren geflüchtet.

Aber diese Heimkehr war anders. Es waren andere Lieder, die erklangen. In der Stadt ertönten keine Melodien von erhobenen Kalaschnikows. Kein Geschrei von Kindern und kein Jammern von Frauen war zu hören.

Die meisten Leute waren schon schlafen gegangen. Niemand konnte sich vorstellen, dass eine solche Veränderung so plötzlich und ohne jedes Blutvergießen vor sich gehen könnte. Diesmal haben die Bewohner von Nimroz nicht zugelassen, dass die Gefühle über die Vernunft siegen würden. Ohne die nächtliche Stille der Stadt zu stören, ohne sich irgendwelchen Rachegelüsten gegenüber ihren ehemaligen Peinigern hinzugeben,

---

[102]Vergleiche hierzu auch die Ausführungen weiter oben im Text auf Seite 18.

bewiesen sie Ruhe und Geduld, genau so wie Abdullah Unsuri[103] einmal sagte:

بدی را با نیکی پاسخ دادند

Sie haben Schlechtes mit Gutem beantwortet.

Zarandsch empfing die neu angekommen Gäste, die mehrere Jahre in der Fremde gelitten und auf ihre Heimkehr gewartet hatten, mit großem Herzen. Ohne die geringste Feindseligkeit wurden sie an den heimatlichen Tisch der Nachsicht und mütterlichen Liebe gebeten. Die ungebetenen Gäste aber, die barfüßig und mit leeren Geldbeuteln aus den Bergen hierher gekommen waren und mit Säcken voller Kaldar und amerikanischer Dollar wieder nach Pakistan zurückgingen, entließ Zarandsch mit jener Achtung und Würde, mit der die Bewohner von Nimroz nach den Regeln ihrer Gastfreundschaft alle ihre Gäste verabschieden, um ihnen eine gute Reise zu wünschen.

Es ist richtig, wenn es heißt, dass die Regierungen kommen und gehen, das Volk aber bleibt. Oder mit den Worten eines Dichters:

رعیت زمین است و سلطان درخت ـ نماند زمین و نماند درخت

Die Untertanen sind der Boden und der Sultan ist ein Baum.
Wenn es keinen Boden mehr gibt, gibt es auch keinen Sultan mehr.

Aber was von den Regierungen bleibt, ist ein Spiegel ihres Umgangs mit den Menschen. Die von Pakistan initiierte Bewegung der Taliban ist nach ihrer Herrschaft wieder aus Nimroz verschwunden, und was von ihnen in Erinnerung bleibt, unterliegt dem Urteil der Menschen von Nimroz und kommenden Generationen. Heisst es doch [auf Paschto]:

ستا د ظلم دوران تېر شی ـ زما به پاته شی په زړه سور داغونه

Die Zeiten deiner Tyrannei werden vorübergehen,
doch in meinem Herzen werden tiefe Wunden bleiben.

---

[103] Abu'l Qasim Hasan Unsuri (geboren in der Mitte des 10. Jahrhunderts, gestorben 1039/1040) – persischer Dichter, der wahrscheinlich einer Kaufmannsfamilie aus Balch entstammte und am Hof des Mahmud von Ghazna zu einem angesehenen Meister der Qasida wurde.

Welches Reisegeschenk haben die neu angekommenen Gäste, die alle Söhne dieses Landes sind und nun schon zum zweiten Mal viele Jahre in der Fremde verbringen mussten, ihrer Heimat mitgebracht, die sie mit mütterlicher Liebe und Großherzigkeit wieder in ihre Arme nahm? Werden sie die Verletzungen heilen können, die die fremden Herrscher hinterlassen haben? Welche Salben und welche Pflaster werden sie auftragen, um die tiefen Wunden im Herzen ihrer Mutter zu heilen? Oder werden sie ihre Mutter doch wieder unter irgendeinem Vorwand im Stich lassen, um sich dem einen oder anderen Ausländer in die Arme zu werfen, ihre Heimat wiederum der Verwüstung aussetzen und sich selbst zum Gespött kommender Generationen machen? Oder werden sie doch mit all jener Mutterliebe, die in ihren Adern fließt, tapfer, edelmütig und unnachgiebig daran gehen, die tiefen Wunden ihrer Mutter zu heilen und wie aufrichtige Liebende zu ihrer Heimat sagen:

یا جان رسد به جانان یا جان ز تن براید

Entweder die Liebste erlangt die Liebsten oder die Seele verlässt den Körper.

خدایا توی کارساز همه ـ ز توست دست نیاز همه
توی خرّمیبخش باغ جهان ـ ز تو رنگ گیرد بهار و خزان
کرم کن ز گلزار لطف تمیم ـ نسیم فرخبخش عنبر شمیم
که یک بار باغم گلستان شود
معطّر ز بوی گلم جان شود

Oh Herrgott! Du bist der Helfer von allen!
Auf dich sind alle bedürftigen Hände gerichtet.
Du bist es, der dem Weltengarten Leben schenkt.
Von dir erhalten Frühling und Herbst ihre Farben.
Erweise Großmut aus dem Blumengarten der festen Güte
dem ruhespendenden, wohlduftenden Zephir.
Möge mein Garten einmal zu einem Rosengarten erblühen
und die Seele den aromatischen Duft meiner Blumen aufnehmen!

In der Hoffnung auf ein freies, blühendes und fröhliches Nimroz.
30. 8. 1380 [21. November 2001]

Index

Der Index umfasst Orts- und Landesnamen, Personennamen, Ethnonyme und thematische Stichwörter. Die Anordnung der Indexeinträge erfolgt in alphabetischer Reihenfolge. Diakritische Zeichen bleiben unberücksichtigt.

NEUE REIHE: *Erinnerungen an Zentralasien*
Hg. von Ingeborg Baldauf

In Zeiten nach einem Umbruch, wenn sich die Wogen ein wenig geglättet haben und die Wunden zwar noch sichtbar, aber nicht mehr ganz so schmerzhaft sind, scheinen Menschen besonders aufgeschlossen für Erinnerungen zu sein – sowohl dafür, sie zu hören und zu lesen als auch, die eigenen weiterzugeben. Zentralasien erlebt derzeit eine solche Phase. Wie anderswo, so ist auch hier Geschichte immer zugleich Gegenwart, was das Erinnern der Menschen über eine reine Beschäftigung mit Vergangenem hinaushebt und für Erzähler wie Publikum besonders interessant, manchmal auch verwirrend, sogar gefährlich macht.

Diese neue Reihe publiziert die Ergebnisse von Forschungsprojekten zu Zentralasien, in deren Zentrum die *Oral History* als Methode steht. „Zentralasien" wird hier weit gefasst und reicht über das südliche GUS-Territorium, Afghanistan, die Mongolei und Tibet in die angrenzenden Randzonen hinein. Die Themen sind so vielfältig wie die jüngste Geschichte der Großregion.

Jaghnob 1970
Erinnerungen an eine Zwangsumsiedlung in der Tadschikischen SSR
Von Thomas Loy
2005. Ca. 130 S., ca. 10 Abb., kart., (3-89500-424-3)
Auf Grundlage von Archivmaterial, Pressetexten und Erinnerungsgesprächen wird die Geschichte der Zwangsumsiedlung der Jaghnobi rekonstruiert, einer kleinen Volksgruppe, die in den 1970er Jahren kollektiv aus ihrem Siedlungsgebiet im Hochgebirge in die neu erschlossenen Baumwollanbaugebiete im Steppentiefland Tadschikistans umgesiedelt wurde.

Die ohne Leichentuch Begrabenen
Politische Verfolgung an der sowjetischen Peripherie,
erzählt und erinnert durch den uzbekischen Dichter Shukrullo
Übersetzt und hg. von Ingeborg Baldauf
2005. Ca. 240 S., kart., (3-89500-425-1)
Shukrullos Erzählung ist Erinnerung an ein linear chronologisch gerichtetes Geschehen: Inhaftierung, Inquisition, Warten, Gerichtsverfahren, Reise ins Lager, Lagerleben, Heimkehr. Innerhalb dieses Entwurfs ist die Erzählstruktur komplex: Von bestimmten Erzählknoten aus werden Erinnerungen zweiter Ordnung evoziert, ebenso erinnerte Reflexionen bezüglich der Erzählgegenwart, und Projektionen bis zur Errettung, Entlassung und Wiedervereinigung mit seinen Lieben.

Iran – Turan
Hg. von Ingeborg Baldauf und Bert G. Fragner

Band 6: Minstrel Poetry from the Pamir Mountains
A Study on Songs and Poems of the Ismāʿīlīs of Tajik Badakhshan
By Gabrielle R. van den Berg
2004. 8°. 784 S., geb., mit Audio-CD, (3-89500-339-5)

This book is a description and an analysis of the sung poetry of the Ismailis from Tajik Badakhshan and is based on material collected during fieldwork in the Pamir Mountains, in the south-east of the Central Asian republic of Tajikistan. The Ismailis of Badakhshan have a rich religious and poetic tradition which has largely been handed down orally. The book contains an extensive anthology containing transcripts of the poetry recorded during fieldwork. This poetry, both in Persian and in Pamir languages, has never been published before.

Band 7: Politik und Handel zwischen Ming und Timuriden
China, Iran und Zentralasien im Spätmittelalter
Von Ralph Kauz
2004. 8°. Ca. 290 S., geb., (3-89500-388-3)

In den ersten Jahrzehnten des 15. Jhs. entwickelten sich im Osten Asiens zwischen dem Timuridenreich und dem Ming-Reich intensive diplomatische Beziehungen, die zu einer international zentralen Machtkonstellation hätten führen können. Das Potential dieser politischen Kontakte wurde jedoch nicht ausgeschöpft, auch wenn weiterhin intensive kommerzielle Verflechtungen bestanden. Das Ziel dieser Arbeit ist es, den Prozeß der Interaktion beider Reiche nachzuzeichnen, um die Gründe jenes Scheiterns aufzudecken.

The Baloch and Their Neighbours
Ethnic and Linguistic Contact in Balochistan in Historical and Modern Times
Ed. by Agnes Korn and Carina Jahani
2004. 8°. 380 S., 10 Abb., geb., (3-89500-366-2)

A New Etymological Vocabulary of Pashto
By Georg Morgenstierne, Josef Elfenbein, D. N. MacKenzie and Nicholas Sims-Williams
2003. 8°. 148 S., Ln., (3-89500-364-6)

Vafsi Folk Tales
Twenty Four Folk Tales in the Gurchani Dialect of Vafsi as Narrated by Ghazanfar Mahmudi and Mashdi Mahdi and Collected by Lawrence P. Elwell-Sutton.
Transcribed, translated and annotated by Donald L. Stilo.
Supplied with folklorist notes and edited by Ulrich Marzolph
2004. 8°. Ca. 300 S., geb., mit Audio-CD, (3-89500-423-5)

This volume consists of 24 folk tales tape-recorded by British Iranist, Lawrence P. Elwell-Sutton in Iran in August, 1958. Vafsi is an Iranian language spoken in four villages in central Iran: Vafs, Fark, Chehreqan and Gurchan. The present volume presents first-hand data of this otherwise rarely studied Iranian language together with a translation, grammar notes, glossary, and extensive annotation.